JN191300

事典にない大阪弁

増補改訂版

——絶滅危惧種の大阪ことば——

事典にない大阪弁
追加ことば一覧

あかし
アンダマ
いじる
一建立
いちだん、にだん
いちま
いっぱいする
エッキス線
おかげ
おかはんごと
翁汁粉
おごっぱん
おそうぶつ
お師匠はんに返す
おにこ
おはじき
おひねり
おやまはんごと
おれそれ
かぶる
かまくら
カラブキ
カリカリ屋
感謝感激雨霰

決め
天牛
蔵を開く
ケッペキもん
コーヒ
コトボン
こぶら返り
こやけ
ごりょんさん
ごりょんはん
コロン、コロン
コンリンザイ
さんぴん
しぶちょん
じゅうそ（十三）
しょんべん
白さん
すぐち
すし詰め
すっぽん
橘屋のへそ
ちまめはん
ちょうぼ車
手打ち酒

手手かむいわし
どろどろくわす
どんずる
トンビ
どんめし
無いもん買い
野施行
初恋の味カルピス
パン
一粒三〇〇メートル
風呂の中で屁ぇこいたような
へェこいて寝よ
ホシリ
ぼんさん
まず
見られ
めめんとこ

かぬける
ご・いっ・けん
テンチャン遊び
ニッキ
はねぎ
びんあげ

はじめに

大阪弁に興味を持ったのは、高校生の時だった。それまでは船場の平野町育ちの上品な北船場言葉が、私の言語生活の中心であった。船場から堺に嫁いで来た母の使う言葉であるが、私が子どもの頃通っていた堺市立熊野小学校、同殿馬場中学校の校区も旧堺市内にあり、友人の母たちも母同様のおっとりとしたしゃべり方をする人が多かった。ところが、府立泉陽高校に入学するとカルチャーショックが待っていた。なにしろ泉州地区や河内地区からも生徒が通学してきていた。

「これなにけぇ」とか、「ここに書くんけっ」という河内弁があるかと思えば、「わい、行ってきちゃらしよ」という岸和田弁、「ま一個えれて（もう一個入れて）」という和泉弁、「おませなして」「そうでございまさして」という岸和田の奥あたりにあった言葉づかい。（恐らくこういう言い方は滅びてしまっているであろう。）

とにかく聞いたことのない単語と言葉づかいに、いきなり囲まれてしまったのだ。まだその頃は逐一メモにしなかったが、近畿大学に入学し講談を先代南陵に習いはじめてから、大阪弁を集めておかねばならないという義務感を持ちはじめて収集しはじめた。

本書はその集大成である。牧村史陽さんの『大阪ことば事典』を参考にして、そこにない単語を本書に載せた。ここに紹介（笑解）した大阪弁の収集について、私は本当に恵まれた環境にあった。近大、大阪府大の大学院の農学部で学んでいた頃は、アルバイトで農家の種々の調査をしたおかげで、府下全域をまわることができた。また、古い大阪弁を使う皆川真智子さん（ご主人は名球会入りを果たした皆川睦夫氏）、北の新地の芸妓で踊りの名手西川梅十三（うめとみ）姉さん、作家の田辺聖子さん、同じく藤本義一さん、イラストレーターの成瀬國晴さんたちと話をしている内に私の知らない大阪弁を自然と教わることができた。

幸い初版は品切れ、そして次々と現れる聞いたことのない大阪弁、増補改訂版を出すに至りました。嬉しいかぎりです。

今、大阪の芸人の中できちんとした大阪弁をしゃべれるのは、何人もいない。講談師では私だけという自負があるのも、今、名をあげた皆様や一杯のみ屋の女将さんや古い商売人の皆様のおかげと感謝している次第である。

四代目　旭堂　南陵

目次

事典にない大阪弁

ア（あ）

仰向け アアムケ ああむけ

大阪人はあおむけをああむけと言う。

アーメン あーめん

アーメン・ソーメン・冷やゾーメン、本来はゴメン・ソーメン・冷やゾーメン。冷やが付くと濁る冗句。

間 アイ あい

「仕事のあい見て順繰り食事してや」などと使う。幕間（まくあい）のあい。

間 アイ あい

二ヶ月ごと。「家賃はアイで頂きます」などと使う。

愛染パラパラ アイゼンパラパラ あいぜんぱらぱら

バラバラとも。愛染さんのお祭りはまだ梅雨の七月一日のため、パラパラと雨が降る。このことを愛染パラパラと言う。「愛染祭」を大阪の夏祭りの始まりとする人も多いが、夏祭りは本来神道の夏越（なごし）の祓（はら）いのことを指す。四天王寺勝鬘院の愛染明王の、この祭りを夏祭りの始めとするには無理があるとする人も多い。

飽いた アイタ あいた

ものごとに飽きてしまう。「もうあいた……」

あいたあったら アイタァッタラ

あいてあったらの訛。これは使ってなかったらの意味に近い。「車あいたぁったら貸したってんか」昔の人は貸してんかというより、貸したってんかという言い方をよくした。

相対づく アイタイヅク あいたいづく

お互い承知の上。「そこはあいたいづくで喧嘩するんや。相手びっくりしよるで」

煽貧乏 アオチビンボウ あおちびんぼう

ワーキングプア。働けど働けどわが暮らし楽にならず。

あかし アカシ

夜あかしのこと。但し芸妓やお女郎さんとでっせ、わかりまっしゃろ!!

アカシマヘン あかしまへん

あかん、だめ。やんわり断る時「壊れた戸ォであかしまへん」アキマヘン、アキマッカイナ、アッカイナ、アッカレ、と類語が多い。アッカレはもうケンカ腰。

赤田 アカタ あかた

田植え前の田。刈り入れ前の青々とした田は青田。

赤猫 アカネコ あかねこ

おはぎのきな粉をまぶした方。

赤猫走らす アカネコハシラス あかねこはしらす

放火すること。「お前の家に赤猫走らせたろか」

赤目吊る

アカメツル
あかめつる

この場合の赤目はあかんべえ（べかこ）やのうて、目を血走らせていがみあうこと。『大阪ことば事典』では「赤目を見せていがみあう」とあるが、赤目の意味不明。また、目を吊りあげて頑張っている時も「赤目吊って勉強してるわ」と使う。

赤本

アカホン
あかほん

元は草双紙のことを言っていたが、明治中期頃は派手な表紙の大阪の講談本や小説本を言った。昭和も戦後になると、貸本小説のことを指すようになった。

あがるもん

アガルモン

召しあがるもの。食べるもの。
「あがるもんしっかり食べへんから体弱るねん」

空き書き

アキガキ
あきがき

お茶屋はんの芸妓の一覧表。座敷に出てる妓は棒線で消し、売れてない妓は空いているいるから空き書き。『上方語源辞典』の明書は花柳界のゲンかつぎの言葉をそのまま引用。

あくがきく

アクガキク

悪が利くか、灰汁が利くからか。悪役が適任の役者。「今度の芝居、延若が仇役や、あくがきいて面白かろう」という使い方もする。

あくぞもくぞ

アクゾモクゾ

あくそもくそとも言う。何もかもぶちまけてしまうこと。「腹立ったからあくぞもくぞ言うたった」

あけらかんこ

アケラカンコ

あっけらかん。

あげる

アゲル

へどを吐く。

あげもん

アゲモン

今は何でもかんでも天ぷらと言うが、野菜は揚げもん。魚介類を天ぷらと言った。

朝茶粥

アサチャガイ
あさちゃがい

昼一菜夕茶漬け。大阪の質素な食事の表現。朝準備して昼飯に炊きたてのご飯。朝は前夜の冷や飯を茶粥に。

字ひげそり

アザヒゲソリ
あざひげそり

坂町の地名隠語。昔のナンバの坂町は路上強盗が多く、刃物をほべたにくっつけ「金出すか、ひげそろか」と脅す奴が多かったから。

足洗い

アシアライ
あしあらい

仕事が終わってからの打ちあげで飲むこと。その業界を去ることではない。

足が入る

アシガハイル
あしがはいる

満腹になった時の表現。

味気ない

アジケナイ
あじけない

物足りない時に使う。「床の間に掛軸でもかけんとあじけないで」と使う。

味もしゃしゃりも無い　アジモシャシャリモナイ　あじもしゃしゃりもない

味わい深さの無い時に使う。食事だけでなく「あいつの芸は味もしゃしゃりも無い」と使う。

あずる　アズル

てこずる、困る。

あたりきしゃりき　アタリキシャリキ

「あたりきしゃりきけつの穴ぶりき」と大阪では続く。ぶりきはぶりっと放屁するから。

あちゃら漬け　アチャラヅケ　あちゃらづけ

千切り干しの大根を水で戻し、わかめと共に酢で漬けたもの。

あったらもん　アッタラモン

値打ちもん。

あっちゃべら　アッチャベラ

べらは辺り。「駅のあっちゃべらで待ってる」こっちゃべら。

あっち向く　アッチムク　あっちむく

死にかけのこと。「いっときはあっち向いてましたけど、ようよう退院できましてん」

アッパッパ　あっぱっぱ

アッパーパート。昭和四年の猛暑に清涼着としてハワイのムームーのように上からかぶる女性用のワンピース、筒単服とも言った。『上方語源辞典』には語源未詳とあるがアパレル用語の転訛。とある食堂経営者Yさんが「アッといううまにパパッと着れるようにわてが国民服と共々に発明しました」と言ってたが、これはこの人の楽しいホラ話。

当てがう 宛てがう

アテガウ
あてがう

割り当てる以外に、大阪では養い料の意がある。「この子のあてがいちゃんと払うてんか」

あなぜ

アナゼ

西北の風、あなじとも言う。

兄坊

アニボン
あにぼん

あにぼん、なかぼん、こぼん、と三人兄弟を言う。

あばさん

アバサン

花柳界で身のまわりを世話する女性、おばさんの訛か。転じて中年女性の敬称。『上方語源辞典』では京都としているが大阪の北新地（きたのしんち）でも言っている。

暴れ食い

アバレグイ
あばれぐい

単に暴食だけでなく、いくつかの種類の物をたんと食べること。

油虫

アブラムシ
あぶらむし

ごきぶりから転じて町のならず者（町のダニと同意）。花柳界では客のくせに茶屋の台所へ上がり込んで、ただで飲食する者。

阿呆
アホ
あほ

『大阪ことば事典』とは別に子どもの罵り言葉としてアホ、ボケ、マヌケ、スッポン、ナンキン、カボチャ」というのがある。

阿呆の細工に
アホノサイクニ
あほのさいくに

『大阪ことば事典』では名詞形であるが実際は「に」を付け「惚れてたカオリちゃんに男おったんや、そやのに阿呆の細工にわざわざタクシーで送って小遣いまでやってたんや」念入りに間の抜けた行為をした時に使う。

阿呆らしやの鐘が鳴る
アホラシヤノカネガナル
あほらしやのかねがなる

大阪人があほらしなった時に自嘲気味に言う。「惚れてたふゆみちゃんに男おったんや、そやのにわざわざタクシーで送って小遣いまでやってたんや。あほらしやの鐘が鳴るわ」元々は三代将軍家光に地子銀を免除してもらった時に「ありがたし」というので「ありがたしやの鐘」で時を知らせて恩を忘れぬようにした。この「ありがたしやの鐘」をしゃれのめしたのではないかと筆者は推測している。釣鐘町の由来。

甘き
アマキ
あまき

甘く煮たきつねうどんや稲荷寿司の「おあげさん」のこと。

雨
アメ
あめ

「病人さん雨の時用意しといて」という風に万一の不幸をそれとなく示す大阪人の気遣い。

雨降りの太鼓
アメフリノタイコ
あめふりのたいこ

どうにもならない（ドン鳴らん）の意と、格好身なりが悪いの（なり悪い）の両意あり。

荒（粗） アラ あら

魚のアラでなく粗利。口銭の意で「しっかりアラとらんと商売続けられへんで」

あら アラ

あれの意で使う。「あら、あんでええねん」

あらめ アラメ

八、十八、二十八の末広がりの日に芽が出るようにと食べるが、ゆで汁は厄除けに道にまいた。めぇの日とも言うのでひじき説もあるが、「めぇ」が付くことを考えるとアラメの方が順当だろう。

有平糖 アルヘイトウ あるへいとう

大阪の歌舞伎では隈取りのことを言った。えべっさんのおたやんの飴のように色とりどりの模様から。

哀れ也 アワレナリ あわれなり

自分の不幸を客観視する時に使う。「へエ、倒産してあわれなりだ」

泡雪戎 アワユキエベス あわゆきえべす

愛染パラパラと同様、十日戎に淡い雪が降ってきた時に使う。

あんする アンスル

『大阪ことば事典』の用例以外におじぎする、閉店するにも。閉口する、参った、お手上げなど、負けた時にも使う。

アンダマ
あんだま

頭玉（あたまだま）か。防寒用のドーナツ状の首巻。毛糸で出来ているので伸び縮みする。

塩梅
アンバイ
あんばい

『大阪ことば事典』の用法以外に「案の定」的意味でも使う。「あいつにあんばいやられてしもた」また、体の具合にも「ちょっとあんばい悪いから今日は休ませて」

あんばいちょ
アンバイチョ

体の具合が悪い「あんばい悪い」が転じて病人のこと。

安平
アンペエ
あんぺぇ

はんぺんのこと。丸い形。四角になると「しんじょう」

餡巻き
アンマキ
あんまき

ドラ焼きの粉みたいなのに小さな拍子木ぐらいの棒状の餡を巻いたもので、高山堂の餡巻きは船場の人々の好物であった。高山堂は今も餡類は絶品。

案もん
アンモン
あんもん

案じ物からか。考えて結論を出すこと。「ウーン、案もんしてみよか」また、ナゾナゾのことも言った。

イ（い）

い・う・ん
イ・ウ・ン

大阪弁研究家の牧村史陽氏や前田勇氏が、語尾に「い」「う」「ん」が付く時は大阪弁でも「サン」であり「ハン」ではないという説を出して以来、この説に盲従する者が後を絶たない。京阪電車の有名な「京阪乗る人　おけいはん」にまでいちゃもんつける自称大阪弁研究家まで出てくる始末。大阪の講談では徳川家康を「将軍はん」と気安く言ったりする。船場平野町生まれのわが母は「あそこの仲居はんつんけんして感じが悪い」と、とある料理屋のことを言っていた。船場を語る会の会長で、道修町生まれの三島祐一氏は「ごりょんはんて言うてました、と大阪春秋に書いときましたで、南陵はん」ということで、雑誌『大阪春秋』（通巻一三六号十三頁〜十四頁）を参照してください。大阪人は使いやすさでサンとハンを使い分けてるわけで、この困った定説に大阪人が振りまわされているのも残念な限りです。二〇一〇年五月十八日付毎日新聞「女の気持」の記事も参考になります。さん、はんは、上の連母音まで研究せんといかんと思います。

言いこまぁこ
イイコマァコ
いいこまぁこ

反対すること。「俺が言うたら、あいつもいつも言いこまぁこしよるねん」

いーんする
イーンスル

口に指を入れて横に引っぱる子どものからかい遊び。

言いそそくれる
イイソソクレル
いいそそくれる

言いそびれる。

言いとなる

イイトナル
いいとなる

言いたくなる。大阪人はぼろかすに言いながら最後にこのセリフでうまくすかすのである。「社長、こっちゃ必死に働いてまんねん。給料あげたってくれや」「ほならクビや」「エッ、そうかて社長、そういいとなりまっしゃろ」

いかのぼし

イカノボシ

今は皆凧あげと言う。安物のイカはヒゲをはやした〝奴イカ〟、別名〝団平イカ〟。紅白の紙を市松模様に張った扇の形の〝尾張イカ〟が最上等。「天狗さん風おくれ、あまったらかやす」と言いながらあげた。

如何な

イカナ
いかな

どうしても。どんな。驚きごとの強調で「いかなあいつも、とうとう謝りよった」

歪み長六

イガミチョーロク
いがみちょーろく

極端に歪んであるものに言うしゃれ言葉。濡れ髪長五郎より上。

いかれこれ

イカレコレ

いかれころとも。ころっといかれてしもたからか。「ええ女が揃てる言うから入ったら、ぶっさいくな女ばっかりで、払うだんになったらぼったくられて、いかれこれやがな」また、すっかり惚れこんで「あいつ新地のさゆりにいかれこれやがな」という使い方もある。

行き先

イキサキ
いきさき

行くへもあるが、将来という意味にもよく使う。「あいつの行き先、見込みがないなぁ」

行き詰め　イキヅメ　いきづめ

通いづめのこと。

括る　イクル　いくる

くくるの変化か。しばる、くくる。

いさこそ無し　イサコソナシ　いさこそなし

考えもなし。無造作に。「おのれの立場よう考え!!　いさこそなしに物言いくさって」

躄る　イザル　いざる

膝行する時も使うが、大阪人はキッチリ合うてない時やズレている時も多用。「だんじりにぶつかられて柱がちょっといざってもたがな」

石々　イシイシ　いしいし

団子のこと。

いじかり股　イジカリマタ　いじかりまた

中腰でガリ股で歩くこと。

いしこい　イシコイ

『上方語源辞典』の用法（生意気、不遜）もある。しかし本来は①かわいらしい②ずっこい（ずるい）である。①・②はその時の感覚での用法で「あいついしこい奴や」は②である。

いじる　イジル

ねだるの意味で用いることもある。「おかぁはんにいじって買うてもろてん」と使う。

板看板

イタカンバン
いたかんばん

酒屋のこと。板看板に銘酒の名を書いて飾ってあったからか。

板車

イタグルマ
いたぐるま

大八車の小型版で肩に引き綱をかけてひっぱった。橋を渡る時、木橋が傷まぬように荷物を向こうへ担ぎ出した後、分解して橋を渡り、橋の向こうで組み立てるか、二人で担ぐかのどちらかであった。これを違反して、橋を渡らんように橋のたもとには床屋・一杯飲み屋・八卦見がいた。

至って

イタッテ
いたって

大変の意で使う。「あのお医者さんとは、いたって心安いねん」標準語であるが、大阪人は「いたって」に力を入れる。

一見はん

イチゲンハン
いちげんはん

語尾が「ん」でも「はん」を付ける用例として挙げておく。花柳界の用語。

一建立

イチコンリュウ
いちこんりゅう

本来、上方において寺や神社を個人がすべてまかなって建立したり再建立したことを言うが、転じて中之島の中央公会堂のような公共物をも表現する。いっこんりゅうとも。

いちだん、にだん

イチダン、ニダン

一段、二段。のちにゴム飛びになるが、最初はナワで下から順々に上げていった。走り高跳びの子ども版。

いちま

イチマ

市松人形だが裸で売っていて、幼児向けの裁縫の稽古がてら着物を人形にあわせてこさえて着せていた。

一、六休み イチロクヤスミ　いちろくやすみ

田植えが済んで盆までは一と六の付く日は大阪の農家は休みとした。田の草取り、畦塗りなどは五日間で済ませるということ。

一気 イッキ　いっき

すぐの意。『上方語源辞典』では「いっきに」となっているが、通常はいっき。「着いたいっきやさかい休ませて」

一家 イッケ　いっけ

親族。「あいつもいっけ内やさかい、葬礼呼んだらんかい」

五芝居 イッシバイ　いっしばい

道頓堀五座のこと。浪花・中・弁天・角・朝日の五座。

いっしゅく イッシュク

たえず、始終、ひたすら。「お前朝から晩までいっしゅく酒のんどるがな」

一巻 イッチマク　いっちまく

いちまくの強調。専念、没頭。「仕事にいっちまくの人やさかい」

いってき イッテキ

一刻の訛。一時に。

一点張り

イッテンバリ
いってんばり

そればかり。「何ぼ言うたかてアカンの一点張りや」（馬券の一点張りとちゃいまっせ）

いっぱいする

イッパイスル

芸妓が落籍されること。

行て来い

イテコイ
いてこい

往復。「今日は東京、大阪行て来いや」

いとさん

イトサン

イトヨリ（魚名）のこと。お嬢さんのことは「イトハン」

いとにょんにゃく

イトニョンニャク

糸こんにゃくのふざけた言い方。

稲荷寿司

イナリズシ
いなりずし

天満宮白米社西稲荷門前に大阪名物としてあった。あげは斜め切りで麻の実が入ってた。店名「かど梅」最近の稲荷寿司は麻の実が入っていない。

いねつむ

イネツム

大みそかに店閉まいして年越しのうどんやらそばを食べた後、早朝起きるまでの仮眠。（いねむりと宝船に稲積むをひっかけたゲンかつぎ）

犬のくそ

イヌノクソ
いぬのくそ

馬のばば、牛のふん。大阪人の糞の使い分け。

居寝

イネ
いね

寝相のこと。

指 イビ いび

大阪弁は「ユ」が「イ」にかわること多し。

居場相持ち イボアイモチ いぼあいもち

割り勘、相互負担。また、持ちつ持たれつの意で使う。「ここの店の払い、いぼあいもちでいきまひょか」

今入り イマイリ いまいり

新入りのこと。また、今参加したこと。「今入り三杯や」はかけつけ三杯のこと。

イモ いも

腹のこと。妹背のしゃれ。「うなぎは東京は背開きやけど、大阪はイモ開きや」

芋助 イモスケ いもすけ

うすのろのこと。

いやりひやり イヤリヒヤリ

かなしがなしと同意。ぎりぎり。

いらくらのだらくら イラクラノダラクラ

いらちのくせにいざとなるとダラダラといつまでも仕事せん奴を言う。

苛炊き イラダキ いらだき

いらだって強い火で炊いてご飯にかえって芯が残ったりした時に使う。よく似たもので魚の身の中まで火が通ってない時に使う。

いら火 イラビ いらび

強火。「いら火で焼くから外こげて中は生やないか」生焼けを「いら焼け」と言う。

色書き イロガキ いろがき

品物書いた帳面。配達専門の魚屋さんは、この色書きを持って注文取りに行った。「魚屋さん色書き見せて」（ませた色好きのガキではない）

色飯 イロメシ いろめし

五目メシ、かやくご飯。

いんでる インデル

痛んでるの訛か。腐っている、生気がない。「この魚、身がいんでるがな」とか「あいつ目がいんでるで、シャブ打ってんのとちゃうか」

一尻 インケツ いんけつ

あかん、駄目。バクチのカブで一が値打ちのないところからか。「あいついんけつや、落ち目の三度笠になりよった」

いんじゃん インジャン

じゃんけんのこと。「いんじゃんで決めよか」

いんちゃく インチャク

働きが弱る、ぼける、にぶる。「頭がいんちゃくしてもて、漢字がすぐに出てけぇへん」

ウ（う）

うおんたな
ウオンタナ

魚の棚。明石ではなく天満の魚を扱っている問屋街はウオンタナ筋と言った。

牛の舌
ウシノシタ
うしのした

別名靴底とも。舌平目のムニエルを「ウシノシタのムニエル」とか「靴底のムニエル」とわざと言ってウエイターをからかったりする大阪人もいる。（わてやおまへん！）あくまでも舌平目。英語でもソウル（靴底）

内弁慶外すっこん
ウチベンケイソトスッコン
うちべんけいそとすっこん

内弁慶のかわりに内ネズミ。陰弁慶。

映る
ウツル
うつる

似合う。「その柄、派手なユウコはんの顔によううつってまっせ」（どうゆう意味や‼）

うっちゃりかます
ウッチャリカマス

裏切ること。

う面
ウヅラ
うづら

うなぎの半助こと。アナゴとか他の半助とは違う。

鬱々しい
ウツウツシイ
うつうつしい

ゆううつなこと。

うてます ウテマス

疎ましいの訛か。物憂い、しんどい。

うでぐるま ウデグルマ

人力車のこと。

うならすなら ウナラスナラ

どうやら、こうやら。

産毛屋 ウブケヤ うぶけや

毛抜屋のこと。

うま菜 ウマナ うまな

野菜の「ちしゃ」のこと。

梅北 ウメキタ うめきた

最低最悪の町名。新しい町名の機能はあらわさず、梅田は全国的にはローカル地名であり、大阪人はほっといても地名は縮めるものである。元の大深町の名も生かされておらず、おそらく大阪を少しかじった人々のネーミングであろう。すでにグランフロントで代用してる大阪人も多い。

梅焼き ウメヤキ うめやき

梅の形に卵と砂糖を混ぜたスリ身を流し込んで焼いたもの。卵入り焼き抜きの蒲鉾で伊達巻の類。『上方語源辞典』には玉子の厚焼きとあるは不正確。東京にないおでん種。

上荷差し ウワニサシ うわにさし

船頭のこと。荷物運搬船。大きいのを団平、小型をうわに、そこからか。

雲水 ウンスイ うんすい

精進料理のこと。

うんすけ ウンスケ

うーんと、どっさり。「スキ焼きうんすけ喰ろうた」

うんてんばんてん ウンテンバンテン

雲泥万里の訛か。雲と泥、月とスッポンの意。提灯に釣鐘。「そんなもん、うんてんばんてんや、比べもんにならんで」

エ（え）

ええ気 エエキ ええき

「ええ気になるなよ」は調子に乗るなよの戒め。ええ気のひとは、気よしの人。

栄耀な エエヨナ ええよな

ぜいたく。「ええよな暮らしさしてもろてまんねん」

えずくろしい エズクロシイ

えずくからか。胸くそ悪い、気色悪い。

エッキス線 エッキスセン えっきすせん

戦前の人はレントゲンを受けたとき、エックスでなくエッキス線と言った。

えっさらもっさら

エッサラモッサラ

どうやら、こうやら。

えっと

エット

沢山、うんと、大変に。『上方語源辞典』では、京都語とあるが、大阪や堺でも使用。

えびがに

エビガニ

ザリガニのこと。海老と蟹ではない。

恵方巻

エホウマキ
えほうまき

大阪の恥が全国に広まった。昭和初期幼い芸妓に節分の時、運がよくなると言うて、ええ大人が巻き寿司を恵方むいて食べさせた。オーラルセックスを連想させる男の下品な遊びで、小さな女児がノドに詰まらせたのを喜んだりした。行儀の悪いものを大阪のとある海苔屋が復活させた。この下品さが全国ではやり、スーパーマーケットも金儲け主義に便乗。此花区伝法(元申村)発祥説があるが、これが色町に入っていったとしても下品な食べ方に違いない。丸かぶりの項参照。

えんばなこと

エンバナコト

あいにくなこと。「せっかく来てもろたのに留守でんねん。えんばなことですんまへんなぁ」

えんえん

エンエン

幼児語で泣くこと。

えんやらさ

エンヤラサ

やっとこさ。

オ（お）

お愛想

オアイソ
おあいそ

料理屋の勘定であるが、客が言うものではない。語源は色々とあるが、筆者が気に入っているのを紹介しておく。そもそも歌舞伎において遊女の心根として帰したくない客だが帰さなくてはならない時、わざとつれない素振りをする。これを「愛想づかし」という演技だそうで、そこから店としては居てててほしいけど、もうお帰りですか？という意味を込めて「こちゃ愛想づかしで」としゃれて言ったからとか。客ではなく店側の心情。

おあがりやす

オアガリヤス

ご膳おあがりやす。おつい（お汁）おかえやす。昼の炊きたてのご飯はおかわり自由。

追い出し火

オイダシビ
おいだしび

出棺の時、故人使用の茶碗を割り、一把のワラに火をつけて見送る火。

おいち

オイチ

おじゃみのこと。（お手玉）

老い姉

オイネ
おいね

姉さん女房のこと。

追い込み

オイコミ
おいこみ

最下級の見物席であるが、「追い込みかける」は、ヤクザが借金を強引にとりたてる時に使用。

お仏飯

オウッパン
おうっぱん

おぶっぱんが、さらに訛った形。

大裏

オオウラ
おおうら

商家の奥でジメジメしている所で、たいていここに便所があった。

大風に灰まいたような話

オオカゼニハイマイタヨウナハナシ
おおかぜにはいまいたようなはなし

大雑把でどうしようもない時に使う。「あいつの話、大風に灰まいたような話が多すぎる」

応対で

オオタイデ
おおたいで

臨機応変の意。「あいつ怒ってきたらどないしょ」「そこは応対でいかなしょうない」

大中

オオナカ
おおなか

祭礼の青年団組織で、若中より上の三十才代の組織。

おかげ

オカゲ

商売の口銭のこと。買っていただいた「御陰」という考えから。古い商人は「おおきに」と言わずに「おかげをいただきまして」と礼を言った。その名残りが「おかげさまで」という礼の言葉。

おかはんごと

オカハンゴト

ままごとのこと。

喚る

オガル
おがる

おらぶの訛か。どなる、大声を出す。根っからの日本橋育ちの人が軍艦アパートで言うのを聞いたので、ミナミから和歌山までの分布か。

おき

オキ

食べおきがある。乗りおきがある。十分堪能した時などに用いる。「食べでがある」の「で」と同じ用い方。

お着り物

オキリモン
おきりもん

着物のこと。

置き土

オキツチ
おきつち

お墓のこと。

翁汁粉

オキナシルコ
おきなしるこ

白いんげんを使った白い汁粉。白髪の翁をしゃれて使った語。

奥蔵　おくぐら　オクグラ

家の奥にある蔵。書画・骨董などを入れておく。これに対し「庭蔵」は台所用品、米、乾物など日用品を入れておく。

おくない　オクナイ

おくんなさいのくだけた語。ちょうだいと同義。

奥山くわす　おくやまくわす　オクヤマクワス

しかとのこと。百人一首の「奥山に紅葉踏み分け鳴く鹿の……」と花札の鹿がソッポを向いた図柄から奥山くわすと言う。無視すること。

起こし糊　おこしのり　オコシノリ

洗った浴衣など、糊がききすぎてバリバリの時に使う。「起こし糊でバリバリやがな」

おごっぱん　オゴッパン

お御飯のこと。お仏飯をおぶっぱんと言うのと同じ。

おこと汁　おことじる　オコトジル

味噌汁に小豆、小芋、豆腐を入れた十二月の汁物。にごみのおつゆとも。

御事多さん　おことおおさん　オコトオオサン

花柳界しか残ってないが、一般的に忙しい年末なんかに使う挨拶用語。

おごろ　オゴロ

モグラのこと。オンゴクモチ、オゴロモチ、オンゴロモチとも。

おさがり

オサガリ

正月にふる雨のこと。しめ飾りのさがりから。

お淋しさん

オサミシサン
おさみしさん

人が死んだ時。「わてらの歳になると、だんだん欠けておさみしさんだんだんなぁ」

おさんどん

オサンドン

下女。台所仕事。大阪落語で下女の名を「おきよどん」と言うが、これはお清所（台所の上品な言い方）からきている。

お静かに

オシズカニ
おしずかに

ゆっくりすごしていらっしゃいの意。主人の送り出しなどの用語。やかましい時の「お静かに」とは違う用法。

お慈悲の牢

オジヒノロオ
おじひのろお

丁寧に扱ってくれすぎて、かえってありがた迷惑の時の表現

おしまいやす

オシマイヤス

大阪の町屋の挨拶。終わりの意よりお片付けになりましたか！のニュアンス。夜になっての店閉まいの時。

おそうぶつ

オソウブツ

牧村史陽氏の「大阪ことば事典」では「お総物」となっているが、丁稚達に着せる仕着せのことで「お贈物」とする説もある。仕着せも「四季施」という文字を船場の商家の大半はあてていた。四季ごとに渡していたからか。

遅々に
オソオソニ
おそおそに

特に正月の年始挨拶。「まっ先にこんなりまへんのにおそおそに」と言う。

お雑用物
オゾヨモン
おぞよもん

安うて仰山あるもんをおかずにした時に「今日はおぞよもんでしんぼしとき」

お平に
オタイラニ
おたいらに

正座している客に胡坐をすすめる時。

おだれ
オダレ

『上方語源辞典』では軒のひさしとあるが、ひさしとその下の道も指すことが多い。「堺の町の傘いらず。おだれをそのまま歩ける」堺の大道筋の家では路面にグンとおだれが突き出していた。

おちがい
オチガイ

負う交い、落ち交いか。風呂敷包みをたすきのように斜めに背負うこと。

おちこ
オチコ

子いも。ちっこい芋におがついたのか。

お使いはん
オツカイハン
おつかいはん

十二、三歳の少女で家のちょっとした用をさせる子。

起っきする
オッキスル
おっきする

幼児語。「もう朝やで、おっきしいや」

お師匠はんに返す
オッショハンニカエス
おっしょはんにかえす

おっしょはんに返すとは、習うたことを忘れてしまうの意味。そういえば、私の弟子もようけ返しよりますわ!!

おっちんする ― オッチンスル

幼児語ですわるの意。「しんどいからおっちんするか」

乙甲 ― オッツカッツ（おっつかっつ）

うっつかっつとも。甲乙つけがたい時や、どうやらこうやらの意も。

おっとろしい ― オットロシイ

恐ろしい。「おっとろしい目に会うた」

おでこ ― オデコ

でこちん（額）の広い人。

お手筋 ― オテスジ（おてすじ）

目上の人に図星ですと言う時「お手筋だす」

おでん ― オデン

関東煮との違いは、関東煮は濃口醤油ベースのだしも何もきいていない正に東京から来た野暮・田舎者の味に対し、おでんは薄口醤油にだしのきいた煮込み田楽。関東大震災以降、東京でも関西風のおでんとなり、原始的な煮込み田楽である関東風のものを見つけるのは困難となった。「うまいもん濫蓄帳」の項一九二・一九三頁参照。

お通り ― オトオリ（おとおり）

物売りなどが門口に立った時の断り用語。

頤吐く

オトガイハク
おとがいはく

口ごたえをすること。「おとがい」は下あごのこと、下あごを吐き出すほど言うところからだろう。

末子一日

オトゴツイタチ
おとごついたち

十二月一日のこと。一年の無事に感謝し、この日も雑煮を船場で食べた。

お遠々しやす

オトドシヤス
おとどしやす

「久しぶりやなあ」と言う時の別の用法。

おにこ

オニコ

鬼ごっこのこと。

大根葉

オネバ
おねば

貝割れ菜。大根すなわちオオネの葉やから。

お粘

オネバ
おねば

粥やカレーの表面のネバネバした薄皮。ラムスデン現象。

麻の実

オノミ
おのみ

どこかの料理番組で料理人が「あさの実」と言っていたが、これは「おのみ」と呼び「鯨の尾の身」とはちゃいまっせ。七味に入っている丸い実。ローストしてあるので大麻に育たない。

おはじき

オハジキ

時代劇でお姫さんが、ガラスのおはじきで遊んでいるシーンがあったのには、びっくりした。明治二十年頃までは、かたつむりの小さな貝殻や、ぜぜ貝（キサゴ貝）でおはじきをした。一盛三十個ほどで売っていたそうな。一銭も出すと一合枡でいっぱい盛ってくれたそうな。

帯付け
オビツケ
おびつけ

目上の人や他家への挨拶の時に羽織やショールを脱ぐこと。

おひねり
オヒネリ

神仏のお賽銭として供えたり、芸人の舞台に祝儀として投げるが、本来、半紙を二つ折りにして銭を包みひねって供えたりするからで、ローソク代十二文が江戸時代の相場。キャッシュレスの時代に芸人はどうするか、舞台にスマホを持って出ようかな。

お拾い
オヒロイ
おひろい

歩いて目的地へ行くこと。

お福分け
オフクワケ
おふくわけ

もらい福を分ける。おすそ分けと同意だが、私はお福分けと言う。

覚えといても荷ぃにならん
オボエトイテモニィニナラン
おぼえといてもにぃにならん

おっさんが子どもに雑学を教える時の決まり文句。

おぼる
オボル

埋める。

おまん
オマン

まんじゅうもおまんと言うが、まんじゅうは底に竹の皮の通称座布団がくっついていることから、キチンと正座をしてること。「えらいなあ、ちゃんとおまんにすわって」と使う。日本人の胴長短足はこのおまんずわりのせいだろう。

御身

オミ
おみ

正月四日にお供えのおさがり集めて粥にし、ごはんを加え雑炊にして食べるもの。

お●こまんじゅう

オ●コマンジュウ

これはどの事典に載ってないが、女陰の形をしたしんこ細工。しんこ餅に割れ目とサネをつけ、小豆あんで陰毛をつくる。初潮を迎えた時や嫁が無事出産した時の慶事におまんじゅう屋さんに頼んでつくってもらった。昭和四十年頃までは堺の風習としてあった。

お貰いさん

オモライサン
おもらいさん

乞食のこと。

重たくたい

オモタクタイ
おもたくたい

重苦しい。食傷気味、胃にもたれそうな時に使う。

おもっくろい

オモックロイ

面白いの白をしゃれて黒と言った。

思惑

オモワク
おもわく

考え、作戦。「なんぞ思惑があってのこっちゃろ」

おやき

オヤキ

焼豆腐のこと。信州のおやきとは違う。

おやまはんごと

オヤマハンゴト

お人形さんごっこのこと。ままごとは、おかはんごと。

喚ぶ　オラブ　おらぶ

叱るように大声を出す。

おれそれ　オレソレ

挨拶がきちんと出来ていること。「あの子は、おれそれがええ」と言う。

遠国　オンゴク　おんごく

七夕やお盆の時の子どもたちが行列になって唄い歩く遊びから転じて、行列のこと。「あの芝居、おんごくして待っても値ぶちがあんで」値ぶちは値うちの大阪訛。

おんざ　オンザ

御去りか。旬をすぎてまずくなったものに対して言う。

御襤褸袍衣　オンボロサンボロ　おんぼろさんぼろ

汚い身なりの時に用いる。「あの旦さん、おんぼろさんぼろ身にまとうてよっぽど金がないようになったんやなぁ」

オ（お）

カ（か）

があ ーガァ

独楽の鉄芯の底がガタガタで安定してまわらない時。丸くうまく研磨してある時はシズと言う。昔は買うたコマを、自分で芯を石かどなどで研いだものです。

抱いつかみ ーカイツカミ かいつかみ

産衣。赤ん坊に着せる袷の着物。

がいな ーガイナ

荒っぽいこと。強い、丈夫なこと。大阪や京都で使う。「そんながいなことしたらあかんがな」

がいに ーガイニ

無理に、ひどく。「がいにひっぱったら破れるやないか」

かいはつ ーカイハツ

物足りない時に使う。「ちょっとかいはつやからおかずもう一品こさえよか」

花街 ーカガイ かがい

NHKの超ベテラン女性アナウンサーが、「長崎ぶらぶら節」のドキュメンタリーで「ハナマチ」と言っていたのにはびっくりした。何故まちがうようになったのか？　もず唱平氏の「花街の母」からではない。興味ある方は長谷川幸延著『大阪歳時記』八十三頁に詳しい。要はハナマチとルビを打ったところに端を発している。

掛人
カカリウド　かかりうど

居候のこと。

掛り湯⇕上り湯
カカリユ⇕アガリユ　かかりゆ⇕あがりゆ

入浴前が掛り湯。入浴後きれいな湯を浴びるのが上り湯である。

かくすべ
カクスベ

蚊取り線香の類。

かく
カク

担ぐこと。「そんな小さい机かくのに五人もいるかえ」

かぐ
カグ

鍵をかけること。「鍵かぐのん忘れたらあかんで」

隠し嬶
カクシガカ　かくしがか

妾というより村内に出来た恋人的ニュアンス。「ユリはヤスベエの隠し嬶やろ」

掛け違いまして
カケチガイマシテ　かけちがいまして

しばらく会うてない人に会うた時の挨拶用語。「えろう掛け違いまして、お元気でっか」

かけ屋敷
カケヤシキ　かけやしき

別荘のこと。

掛け物
カケモン　かけもん

①目方にかけて買う餅や煎餅。「匁目だっか斤だっか」②かけ軸のこと。

嵩だかい奴

カサダカイヤツ
かさだかいやつ

大きな体のニュアンスより厄介で扱いにくい鈍な奴。「あいつは役に立たん。かさだかいだけでかなわん」

我精な奴

ガセーナヤツ
がせーなやつ

積極的に動き、よう稼ぐ働き者。

風邪ひく

カゼヒク
かぜひく

薬が古くなって効かなくなった時の表現。「風邪薬飲んでんけど効かんねん」「そら風邪薬が風邪ひいてんねん。そやから効かん風邪薬に効く風邪薬飲ましたら」てなけったいな会話が懐かしい。

痂せる

カセル
かせる

でんぼなどがひからびてカサカサになること。

カ（か）

かたいてんき

カタイテンキ

旱天。ひでり続きのこと。

堅々

カタガタ
かたがた

かたく誓う。約束する時の表現。「かたがた今日には金返す言うてたやないか！」「重（じゅう）々に」に近い。

かたが悪い

カタガワルイ
かたがわるい

運が悪い。

堅ぱん

カタパン
かたぱん

融通のきかん頑固者。

肩引き

カタビキ
かたびき

引き綱を肩にひっかけ、一本の棹棒でバランスを取りながら引く荷車。

かちける

カチケル

ほかす、ぶつける。落語家森乃石松君、笑福亭松之助師より「寄合酒」を習っていた時の経験より。搗ちけるか。

担籠

カチゴ
かちご

竹であんだ背負い籠。時代劇で屑ひろい役の人が背負っている籠。

脚気を踏み出す

カッケヲフミダス
かっけをふみだす

かっけを患うを、脚だけに踏み出すと言う。

兀僧

ガッソ
がっそ

がっそうと伸ばさない。丸刈りから髪がボウボウとしてきた時。「頭がっそやないか、散髪いきなはれ」また、女の子のおかっぱ頭のことも。

がったま

ガッタマ

しょうむない奴。泉州から紀州にかけて人を罵る時に使う。

がっちょ

ガッチョ

エサにがっつくからガッチョ。メゴチのこと。白身の魚で松葉に割いて、天ぷらがおいしい。

がてらがてら

ガテラガテラ

しがてらの訛か。ことのついでに。特に目的もなく行動する。「がてらがてらにここへ来ましてん」

蚊弟子 カデシ かでし

夏祭りの余興に稽古に来るが夏過ぎると来んようになる弟子。

悲しがなし カナシガナシ かなしがなし

やっとこせ。「それで足りるか？」「かなしがなしいけまっしゃろ」

がに ガニ

蟹の中でも特に食用にならん小さなカニを言う。

冠せ カブセ かぶせ

鉛筆の先を保護するロケット型の保護具。金属製からプラスチックへと変わり、今はほとんど見ない。

かぶる カブル

寄席芸人語でネタがダブったり似たネタであった時、ネタがかぶると言う。『上方語源辞典』以外の用法。

かぶる カブル

水や酒をガブガブとノドごしよく飲むこと。ミツカン酢がビール業界に進出したときに、「カブトビール」と命名したのは、この言葉にひっかけた。明治のお話。

かまくら カマクラ

うどん出汁に卵を落としただけの汁物。源義家の臣、鎌倉景政が右目を射られてもなおかつ豪勇ぶりを発揮したことから片目を連想、そこから。「素はかまくら」説あり。

かますご

カマスゴ

神戸でいかなご、大阪でかますご。近年大阪でもいかなごと言いだした。

釜屋

カマヤ
かまや

炊事場、台所。

上方講談

カミガタコウダン
かみがたこうだん

旭堂南陵一門は、東京の田辺派の一派で純粋の上方講談ではない。初代は駿河の人で大阪に居ついた。二代目は大阪の天満の人で、東京の講釈師三代目正流斎南窓が最初の師匠、ついで初代南陵に師事。さらに上京して三代目神田伯龍の弟子となり、小伯龍。帰阪後、初代南陵の養子となる。純粋の大阪講談は玉田派、玉龍亭派、松月堂派、三省社派、笹井派等がある。大正八年に玉田玉秀斎（二代目）が没し、昭和十二年頃玉田玉照が没し、神道講釈の系譜を継ぐ大阪講談の伝統は絶えた。現今の旭堂派は四代目南陵主宰の講談道場から発している。（参照『伝統話芸・講談のすべて』（阿部主計著））四代目南陵は絶えていた神道講釈を神道講釈の研究家・中村幸彦博士とともに発声法等も含めて復活。京都講談をも含めた概念を改め、大阪講談として本来の姿に近づけている。昔は大阪講談、京都講談と言った。上方講談という名は大阪府に助成金を申請する昭和五十四年からの名称。

かみなりちょう

カミナリチョウ

あげは蝶。

かもてなや

カモテナヤ

子どもの言葉遊び。「ほっちっちかもてなや、お前の子やなし孫やなし（ほっといてかもてくれるな、お前の子やないし孫でもない）、赤の他人じゃほっちっち。のちにどうなるほっちっち、親類なったらかもてんか。（そしてアカンベーをする）」

空板
カライタ
からいた

『上方語源辞典』では講釈師、落語家の用いる小机とあるが、夫々釈台、見台と言う。板とは舞台のことで、お客さんが来ない内に、机を叩いて張り扇で修羅場読みや旅ネタを修業することを空板叩きと言う。

カラブキ
からぶき

体拭きか。バスタオルが出現するまで日本手拭を二枚縫い合わせて風呂敷ぐらいの大きさにして湯上りに体を拭いた。ゆあげのこと。

空盛り
カラモリ
からもり

汁気のないおかずを平たい皿に盛りつけているこ と。

カリカリ屋
かりかりや

牧村史陽氏の「大阪ことば事典」には、何の菓子か書いてないが、「カリン糖」を入れてあった。あったせんべいはなかったのかと言われると、あったかも知れんとしか言いようがない。語源は「カリン糖」のカリカリです。

がり細
ガリボソ
がりぼそ

ガリガリに痩せた様。

かりばた
カリバタ

サーカス。河内あたりの訛。軽業からの訛。

川向う
カワムコウ
かわむこう

船場の人にとっての、天満の人のこと。

かんかん
カンカン

①洗面器。「カンカン持ってタンタン（お風呂）へ行こか」②空き缶。「せんべ湿るよってカンカンに入れといて」③はかり（看貫?）。岸和田のだんじりで、やりまわしの場所をカンカン場と言うが、船荷の重量を計測する場所だったから。

がんがら
ガンガラ

①一斗缶の胴に穴を多数あけて作る、簡易の火を燃やす炉のこと。②泉州でとれるシラサ海老のこと。③海でとれるニナ貝の類。

籠
カンゴ
かんご

ざるのこと。

感謝感激雨霰
カンシャカンゲキアメアラレ
かんしゃかんげきあめあられ

日露戦争の時、玄界灘で常盤丸（戦闘船）と佐渡丸（非戦闘船）がウラジオストク戦隊に撃沈された。これをうたった薩摩琵琶の歌詞に「乱射乱撃雨あられ」があり、このしゃれとして始まった。ジャニーズの「嵐」の歌に「感謝カンゲキ雨嵐」がある。今でも生きてまんなぁ。この言葉。

かんぱちこ
カンパチコ

①ひからびてかとうなったもんの表現。「このパン日がたってかんぱちこになったあるやないか」②がんこ者。「あいつ言いだしたらてこでも動かんかんぱちこや」

がんばつ
ガンバツ

欲深い、汚い儲け方をした時に「がんばつなことするな」と言う。

がんまち
ガンマチ

ガンマツ、ガンバチとも言う。自分勝手で図々しい奴。

キ（き）

気甲斐性 気概性
キガイショ
きがいしょ

やる気、頑張る気持ち。逆に「きがいしょのない男やのう」はアカンタレのこと。

きこんに
キコンニ

気根界にの略。気長に、気ままに、気のむくままに。「きこんに養生してたら、病気の方から向こうへ行きよる」

生汁 黄汁
キシル
きしる

傷口から出てくる体液。リンパ液のこと。

木津

キズ
きず

場所でなく、カンピョウのこと。市場の隠語のくせに大阪人は知っている。隠語になっていないほどポピュラー。

北新地

キタノシンチ
きたのしんち

北新地と書いても、西宮がニシノミヤと言うのと同じで、きたのしんちが正しい。平成二十年頃「きたのしんちに近い北新地駅」とＭＢＳの女性アナウンサーで正しく表現していた人がたった一人いたが絶滅。ＪＲの地名音痴はひどく本来橋に使うのに「大阪城北詰」「まいはら」なのに「まいばら」、とうとう米原市は「まいばら市」になってしまった。阪急より海手なのに「甲南山手」、東京の山の手とさっかくさせようとする詐欺みたいな駅名。結局「きたのしんち」と伝統的に言っている文楽、歌舞伎、落語、そして私の講談を見聞きしていないマスコミ、ＪＲ、新地のホステス、クラブの経営者の象徴として「きたしんち駅」は存在している。当時ＪＲの社長をしていたＩに有名なクラブのママが陳情、Ｉは「桜橋駅を消すためにデモのひとつもしてアピールしてごらん。それを受けて北新地駅にするから」と。当時の新聞にはホステスさんのデモ行進が掲載され、本当は桜橋の方が近いのに北新地駅となった。ＪＲ尼崎の脱線死亡事故のあと、Ｉはこの高級クラブで、もうつぶれた家電メーカーＳ社のＩ会長と飲んでいた。Ｉ会長と知り合いだった私に、このＪＲの社長「今は潜水艦〜」と口に指をあてたシーンは目に焼き付いている。せめて一周忌まで自重せい。おまけに遺族に謝罪すらしない。「北新地」の駅名を聞くたびに怒りがわいてくる。一つの真実として書きとめておく。

きっさり

キッサリ

きっぱり。

きつねばな

キツネバナ

彼岸花のこと。

きどろ

キドロ

生道楽(きどら)。ほんまに道楽の怠け者のこと。

きびら

キビラ

祭礼の時にきる生成りのかたびら。

きぶっせい

キブッセイ

気塞(きぶさ)いか。おっくうな気持ち、気がすすまない。時には気にかかる。

決め

キメ
きめ

お妾さんの月々のお約束の金。

きもせがやける

キモセガヤケル

世話が焼ける。語の上に気持ちが付いたのか、気持ちの上でも実際の上でも世話が焼けること。

きやきや

キヤキヤ

くよくよ。

ぎゃくぼたる

ギャクボタル

はげ頭のこと。もう死語。

きょうのきだおれ

キョウノキダオレ

京の着倒れ大阪の食い倒れ堺の建て倒れ奈良の普請倒れ、と続く。

切り子

キリコ
きりこ

あられにするためにサイコロ形に切った餅。

切りまむし　キリマムシ　きりまむし

鰻を細かく刻んでのせてある鰻丼の一種。ひつまぶしのこと。うなぎ（大阪ではまむし）を細かく切って飯にまぶしたから。

きんかん　キンカン

金柑の形によく似ているところから。にわとりの内臓、玉ヒモのことを言う。『上方語源辞典』ではすっぽんの卵だけ書いてあるので追加。

錦鯛　キンタイ　きんたい

バラタナゴの大阪名。

ク（く）

喰い積み　クイツミ　くいつみ

正月、組重に入れる煮しめを三方に盛ったものをくいつみと言い、そこから重詰のことまで言う。

ぐいのみ　グイノミ

①丸のみ。ぐいとのみこむから。「ノドに魚の骨が刺さったらご飯まるめてぐいのみしたらとれるで」②大きめの猪口。

くさっぱち　クサッパチ

くさ＝でんぼの下に、やけっぱち等のぱちが付いた。

糞買った

クソカッタ
くそかった

ボロクソ。「ちょっと間違うただけやのに、くそかったようにぬかしやがって」

くそ袋

クソブクロ
くそぶくろ

ふくらはぎのこと。

くそ結び

クソムスビ
くそむすび

無茶苦茶に結んである様。「くそ結びにしやがって、ほどけへんやないか」

口が偉い

クチガエライ
くちがえらい

①叱る時にえらそうに言うな、という意味で使う。「口がえらいで、親にそんな物の言いようしなはんな」②理屈がたつ。「あいつ口がえらいから丸めこまれるなよ」

口まめ

クチマメ
くちまめ

うまいこと言い。

九丁目

クチョウメ
くちょうめ

東京は銀座きゅう丁目、大阪は天満く丁目市之側と言う。ついでながら憲法はきゅう条、大阪の地名はく条、谷町はきゅうちょう目。

くちからてぇつっこんでおくばがたがたいわす

クチカラ
テェツッコンデ
オクバ
ガタガタイワス

藤田まことがTVコメディ「てなもんや三度笠」で使ったギャグ。「口から手えつっこんで奥歯ガタガタいわす」「どたまかちわってストローで血ィ吸うど」も同コメディから。

ク（く）

ぐっすら

グッスラ

ぎょうさんのこと。「借金がぐっすらあって身動きとれん」

愚図まん

グズマン
ぐずまん

アホ、まぬけ。「こいつわしのつれやが、ちょっとぐずまんやねん」大阪人は名前の下にまんを付けて愛称にすることが多い。例えばキヨミツという名にまんを付けて「キヨマン」と言ったりする。

首

クビ
くび

美人の意。寛政時代の島之内に首の子という美人の芸妓がいたところから言う。

くべる

クベル

くすべるの短縮。火の中へ薪を放り込む。「まきくべてんか、寒うてならん」

雲が天王寺参りしかけた

クモガテンノオジマイリシカケタ
くもがてんのおじまいりしかけた

台風のあと天気が回復して大阪南端の天王寺へ雲がなびく様。北風に変わってきたこと。

天牛

クモジ
くもじ

今、大阪の古書店の「天牛」は、てんぎゅうと読む。しかし、私が古書店通いをしはじめた頃はまだ「くもじ」と正しく言っていた人がいた。「天」は「くも」「牛」は「じ」と読める。「てんぎゅう」は「カミキリムシ」の意。織田作の『夫婦善哉』は、朗読の時「くもじ書店」と読んでほしいが、通じるかどうかでんなぁ。

ク（く）

苦餅
クモチ
くもち

昔は二十九日についた餅を苦餅と言っていやがった。

喰らいこぼし
クライコボシ
くらいこぼし

失業のこと。中河内あたりでよく言っていた。

蔵を開く
クラヲヒラク
くらをひらく

お正月の三ヶ日は宝が逃げると言って、蔵をあけなんだんです。四日目に商売はじめの言葉で蔵びらきが始まったとか。

ケ（け）

傾城買いのぬかみそ汁
ケエセエカイノヌカミソジル
けえせえかいのぬかみそじる

一方でぜえたくして、片方でケチケチしてること。「あいつ新地でええ格好してるけど、家族の食費（しょくひ）までけちてるらしいで」「けえせえ買いのぬかみそ汁やなぁ」

けげんしゃ
ケゲンシャ

けんげ者の訛。げんかつぎ。

けし
ケシ

頭頂部を二寸ほど丸く剃り、まわりをおかっぱにする男の子の髪型。私の子どもの頃には「おけし」〇〇円とあったが実際に見たことはない。

昭和前半までの風俗か。

気出し ケダシ けだし

塩気を出すこと。つけもんのつかりすぎの時なんかに使う。

ケッペキもん ケッペキモン けっぺきもん

ちゃんとした品物。

けめ ケメ

卵を産まなくなった雌鶏。

げらい ゲライ

偉いの訛。デライとも。どえらいの意。「お前の留守の間にげらいことあってんど」「何や」「嫁はん家出したがな」

けんざり ケンザリ

古い物でも保存がよく新品同様のもの。逆がジボタレル。何となくじじむさく新品やのに汚く感じる表現。

けんど ケンド

砂などのふるい、とおし。金網のとおしが出現するまでは馬の毛を網状にしてとおしを作っていたことから、毛通しが訛ったか。

けんぱ ケンパ

子どもの遊び。ケンケンパと言って片足飛びで地面に描いた円を飛びはねていく。小道具は小石。石けり。

ケ（け）

こいこいさん

コイコイサン

こいこちゃんとも。上から長女＝いとはん、次女＝なかいとはん、三女＝こいさん、四女＝こいこいさん、五女＝ややいとはん（ややは赤ん坊の意）。それより下は名前。

鯉幟

コイノボリ
こいのぼり

これがなんで大阪弁のとこに？と思うかもしれない。昔は大阪の鯉幟は白い腹で関ヶ原以東は黄色い腹の鯉幟だった。大阪は晒す技術が発達していたからだと筆者は考えている。

肥取り

コエトリ
こえとり

大正末あたりまで年に一度師走に大人一人に大根三十本と豆がら一枝を肥取り（農家の人）の人がお礼に持って来た。豆がらは元日の朝雑煮を炊くのに使った。火がつきやすいこともあるが、マメに暮らせるようにとのゲンかつぎ。

業が沸く

ゴオガワク
ごおがわく

腹が立つ。ゴオがすけるとも。（業が透けるから）

こおくち

コオクチ

濃口醤油のこと。こくちとも。

麹蓋

コオジブタ
こおじぶた

餅箱のこと。こじゅうた、もろぶたとも。蓋は、表彰状を入れる容器を広蓋というのと同じ用法。何で蓋を入れものにしたかは、自分で調べると勉強になる。

コーヒ　こーひ

コーヒーのこと。大阪の看板は四文字より三文字で書いた方が字が大きく目立つようにスペースが作れたからとか。これが定着して大阪人は、コーヒ。服部良一氏は「一杯のコーヒから」で作曲。

粉屋紺屋　コオヤ　こおや

粉屋はコォヤ、紺屋はコーヤと少しニュアンスの違う発音をする。

ご均等　ゴキント　ごきんと

お返し、返礼の意味もあるが素直に割り勘で使うことも多い。

後家やも　ゴケヤモ　ごけやも

訛ってゴケヤマとも。後家とやもめは共に一対やないところから茶碗などが不揃いの時に使う表現。

九文　ココノモン　ここのもん

足袋等のサイズ。時代劇でキューモンと言っていたがそれは銭勘定の時だけ。ここのもん、このもんさんぶ、ここのもんはん、ここのもんひちぶ、ともん、ともんさんぶ、ともんはん（とはんと略す）、ともんひちぶ（とひち）、九文と十文だけはこのように数える。七分はひちぶと大阪人は言う。

こじける　コジケル

こじらすの意だけでなく、凍える、かじかむの意にも使う。

コ（こ）

御粋家
ゴスイカ
ごすいか

粋なお方を言う時。江戸はイキ、大阪はスイ。どっちも同意。息は吸いまんねん。

骨気むき
コッキムキ
こっきむき

極端な、ひどい、無茶苦茶の時に使う。「腹立つよってこっきムキに言うたった」

こでなし
コデナシ

北摂の野良着で筒袖のもの（小袖無しか）。同様のものを河内ではコシキリ、テッポウヌノコ（筒袖は鉄砲とも表現）。

コトボン
ことぼん

小さな柄(え)のついた燭台、手燭。小燈(ことう)からか。

小昼
コビリ
こびり

泉州あたりでおやつ時分に昼食の残りを食べること。

昆布
コブ
こぶ

ある女性脚本家の大阪弁の本に大阪ではコブをコンブと言う、とあったが逆覚え。大阪弁で昆布はコブ、塩こぶ、酢こぶ、出汁こぶなど。前田勇氏のアイヌ語説は同意しかねる。こんぶひろめという文選読みがあり、中国語のカンプの訛ととらえた方がよい。但し松茸昆布だけ「まったけこんぶ」と言う。〈塩こぶを　塩こんぶと言う　まずさかな　当百〉

こぶら返り
コブラカエリ
こぶらかえり

もちろん「こむら返り」のこと。大阪訛であるが、大阪の子は親から毒ヘビの「コブラ」にかまれたように痛いからという珍説を聞いて育った。

壊つ ―― こぼつ　コボツ

こわすこと。古家をこぼつなどと言う。

ごまめ ―― ゴマメ

幼いため、鬼ごっこ等遊びのメンバーに正式に参加させてもらえない時に使う。ジャンケンで鬼の役を決める時に「お前はちっちゃいからごまめや」遊ばしてはくれる。

ごむてん ―― ゴムテン

ゴム製のてんまり。

こめちゃん ―― コメチャン

小魚、メダカ。こめんじゃこからか。

細ん人 ―― こめんど　コメンド

こまんどの訛。小さな子のこと。

こやけ ―― コヤケ

大店（おおだな）でなく小商売の家のこと。

ごりょんさん ごりょんはん ―― ゴリョンサン　ゴリョンハン

どちらも言うが、ご寮（りょ）んさんは船場の中心部、はんの方はちょっとくだけた南船場から島之内、南地五花街あたりの人が使用した。

ごろた ―― ゴロタ

川原の石だけでなく丸太棒のことも言う。

ころりん

コロリン

コロロンとも。潜り戸の桟、おとし、正式にはコロロ、クルル。

コロン、コロン

ころん、ころん

利久は歯の巾の細い下駄に対し、コロン、コロンは歯の巾の広い下駄。

こんぱち

コンパチ

でこぴん。指でデコをはじく。

ごんぼ

ゴンボ

正月のしめ飾り。特に細い方「おしめ縄ェ〜飾り縄ェ〜　山草にゆずり葉はどうだす」太い方はダイコ（大根）。

御坊

ゴンボ
ごんぼ

「ひとのごんぼで葬礼（そうれん）出しやがって」は「他人のふんどしで相撲をとる」の意。坊主のこと。

コンリンザイ

こんりんざい

ハッタイ粉（むぎこがし）をアメで固めて棒にさし、砂糖をまぶした菓子。金輪際に鬼でもいて、その金棒の連想か。金輪際って何？という人はネットで調べてや！

サ（さ）

さいぎょう　サイギョウ

西行の姿からか。①風呂敷包を結び目を前にして担ぐこと。②笠をあみだにかぶること。

境目破り　サイメンヤブリ　さいめんやぶり

男女の仲や土地の境を破った時に。

さかさくらげ　サカサクラゲ

死語になったのであえて。ラブホテルのこと、目印の♨マークが由来。

酒外れ　サカハズレ　さかはずれ

お流れや返盃で酒をすすめられて断わること。「オイ、俺がすすめてんのに何やねん、酒外れすんのか」

さけばこ　サケバコ

提げ箱からか。かきあわせ塗りの家庭用の岡持。

ささわり　ササワリ

さし障りの訛。

鯖の尾　サバノオ　さばのお

さばのしっぽではなく澪標（みおつくし）のこと。みおつくしの形が鯖の尾に似ているから、大阪市章のことも言っていた。

浚える　サラエル　さらえる

ごみを浚えるだけでなくご馳走を平らげた時に

も。「エエッ、皿全部さらえたんか、よう食うなぁ」

さんえんぶくろ
サンエンブクロ

三昧袋（さんまい）か。頭陀袋のこと。

残念さん
ザンネンサン
ざんねんさん

堺の土佐烈士二十名の内、切腹した十一名を残念さん、九名は生き残りさんと言うた。くじでしんどい役やそうじ当番が回ったりすると「残念さんのくじびきや」と言う。くじ運の悪い人を「残念さんやったなぁ」とからかったりした。

さんまい
サンマイ

三昧場の略。墓場のこと。

三十石
サンジュッコク
さんじゅっこく

大阪落語に「三十石夢の通い路」というのがある。どういうわけか、新聞社は「さんじっこく」と東京方言のルビをうつ。大阪は「さんじゅっこく」十手は「じゅって」十分は「じゅっぷん」舌足らずの発音を正しいとする東京発の放送はこっけいにさえ思えてくる。「大阪弁笑解」の項百三十三頁参照。

三番叟
サンバソウ
さんばそう

寄席芸界では若い前座クラスの芸人を「さんばそう」と言う。能の番組に最初に演じることが多いことから、ベテランは「今日はさんばそうが多いな、予算が少ないんやな」と言ったりする。

さんぴん
サンピン

東京のさんぴんは三一、身分の軽い侍のこと。大阪は三品、綿花・綿糸・綿布のこと。

シ（し）

「し」と「ひ」
「シ」と「ヒ」

大阪では「し」を「ひ」と言うことが多いが、ひち（しち）、ひつこい（しつこい）、ひかる（叱る）、ひく（敷く）、ひつれい（失礼）。逆の例に、したい（額）、したす（浸す）、坂本冬美の「夜桜お七」のカラオケで出身地がわかることあり。「猫の額のような庭」を、お母さんの発音から「猫の死体のような庭」と思てた友人がいた。どっちにしてもせまいわなあ。

しおの目
シオノメ
しおのめ

目を細める、媚びた目つき。『上方語源辞典』では流し目ではないとあるが、流し目の意で用いることもある。

塩踏み
シオブミ
しおぶみ

『上方語源辞典』ではシオフミとあるが、シオブミと船場生まれの母は濁っていた。意味は苦労してしんどい思いをすること。また、他家へ娘を行儀見習いに出すこと。「人間塩踏みせんと一人前にならんねん」「うちの娘、ちゃんと塩踏みに出してまんねん」

しがんだ
シガンダ

しがむから。ニッキや生姜の味を和紙にしました短冊型の駄菓子。和紙のチューインガム（大阪でチンガム）転じて人を罵る時に「あのしがんだが」と言う。値打ち（ねぶち）のない安物やから。

じき
ジキ

堂島の米相場師、北浜の株相場師等相場師のこと。上に場所を付けると何を扱う相場師かわかる。親爺貴・おじ貴から、直で取り引きするからとも。

色紙

シキシ
しきし

色紙といってもサイン用ではなく四角いおかきのこと。ついでながら、色紙の裏表は金銀のチラシが入ってる方が表、真っ白が裏。手前のような芸人風情は表にサインなんておこがましいと、謙遜の気持をこめて裏の真っ白に書く。それを出す方も受け取る方も知らんから、真っ白をこっちに出してくる。表を出してこんかい！エッ表を出したら芸人に裏を出すなと怒られた。説教して教えたって。

しきたれ

シキタレ

しきたりの訛。

じじり汚ない

ジジリギタナイ
じじりぎたない

しみったれで金離れの悪いやつに使う。「ヒロのガキャじじり汚ないやっちゃ」逆が、すぼっこい。「ヤスはあれですぼっこいねんで」

しず

シズ

沈めるからか。おもりの意味だが、化粧まわしや祝い品の横にこれだけかかったと、同額の金封を添えた。この祝儀をシズと言う。

湿病

シツヤマイ
しつやまい

梅毒のこと。

死に死に

シニシニ
しにしに

しんどい時に使う。「商売がうまいこといきまへんねん。死に死にだす」

しぶちょん

シブチョン

普通のつまらんトンボの総称。ヤンマは雄はラッポ、雌はベニ、ベニでも羽根の特に赤いのをドロコチ。

渋札

シブフダ
しぶふだ

値札のこと。反物の値つけに細長い紙を付けてある物を指す。渋をしみこませた紙を使用していた名残。

じぶらこい

ジブラコイ

どしぶとい。

しま

シマ

通常、堂島。堂島に米相場が立っていて、そこからご飯のことを言う。しかし大阪の男がふっう島と言うと私娼地帯のこと。ある電鉄会社の広報紙に「しまへ行こう」というキャッチフレーズがあって、思わず吹いてしまった。大阪の人やないんでしょうな、この広報の編集人は。

縞

シマ
しま

蕎麦（そば）のこと。そばを切った縞模様。ついでながら、蕎麦は一寸を二十三に切り、饂は一寸を二十四に切った。

霜地

シモヂ
しもぢ

白板こぶ、ばってらのこぶ。おぼろこぶをすいたあとの芯の部分。

しゃあけど

シャアケド

そやけどの訛。

柘榴鼻

ジャクロバナ
じゃくろばな

酒の飲み過ぎてる人で鼻の先がブツブツで赤い人。「赤鼻のトナカイ」を大阪人は「じゃくろばなのトナカイ」と歌う。（ウソ）

しゃこば

シャコバ

トゲ。大阪人はソゲとも言う。

しゃっちもない

シャッチモナイ

しょうもない、あほらし。ちゃっちもないとも言うから、ちゃっち（貧相）からの訛か。

じゃっぱん

ジャッパン

JUMPからか。馬飛びのこと。キリンジャッパンは一人が塀にぴったりと立ち、その股間に五人ぐらい順ぐりに頭をつっこむ。動物のキリンのようになる。ジャンケンで勝った四・五人がジャンプして飛び乗り、ロデオみたいにゆする。十を数えて崩れたら負け。逆に、崩したらもう一度飛べるが崩せなかったら攻守交代。首の骨を折るかもしれんというので学校では、たびたび禁止となった。

じゃらけつ

ジャラケツ

ジャンケンはこの頃は「最初はグー」と言うてるが、私の子どもの頃は「ジャラケツ、オケツでアイスクリンでホイ（意味不明）」と言った。アイスクリンの所、ラッパ吹いてホイもある。

じゃんじゃん

ジャンジャン

道修町あたりの決済。「今度のジャンジャンいつでっか」金がジャンジャンまわるからか、ジャンジャン騒ぐからか、ジャンジャンという鐘の音のしゃれか不明。

じゅうそ（十三）

ジュウソ

船場の人は「じゅうそう」と伸ばさず、「じゅうそ」と言っていた。平成以降聞かず。

しゅん太郎

シュンタロウ
しゅんたろう

しゅんとなっている様。「あいつサナエにふられてしゅん太郎や」

純綿

ジュンメン
じゅんめん

戦時中は、配給米は七分づきや五分づきであった。これに対し精米した白米を純綿と言った。銀しゃりという言葉だけではなかった。なんでそんなこと知ってんねん？　わては米屋の倅だす。

定に入る

ジョオニイル
じょおにいる

死んだこと。

じょうだいな

ジョウダイナ

おっとりとした品のええ人。

しょびん

ショビン

ショオビンとも。貧素、みすぼらしい。『大阪ことば事典』ではショオビンとしているが、大体が人をけなす言葉なので「しょびんたらしいことするな」と言ったりした。

しょうぶわけ

ショウブワケ

生分わけからか。かたみわけ。

しょくすぎる

ショクスギル

しょく過ぎるか。身分不相応、もったいな過ぎる。

「こんな長屋のオバハンに奥様やて、しょく過ぎるで」

じょんじょろりん　ジョンジョロリン

草履の幼児語。ゾーリ→ジョーリ→ジョロリ。

しょんべん　ションベン

落語の道具屋にも「このパッチしょんべんできまへんで」「小便できんパッチならいらんわ」というのがある。すっぽかしたり、ひやかしだけのことだっけど、こっちは「商変」の訛。小便と違います。

しらこい　シラコイ

①こざかしい。②かわいい。その時のニュアンスで意味が変わる。

尻臀　シリコブタ　しりこぶた

尻の左右ふくらんだ部分。大阪限定ではない。昔の人はこのしりこぶたを一匹と言った。牛や馬の一匹はここから。外国人は頭で数えるから一頭二頭。羽も左右一対だから一羽。下駄も靴も左右で一足。二反で一匹、つまり日本人は一対で単位を考えていた。ついでながら、寿司の一貫は二個です。昔大きめの握り寿司を二つに切って「ハイ一貫」として出した。貫は二枚貝が糸でつらぬかれているの意だから一貫を二個として数えるのに用いた。そこいらのスーパーや寿司屋よ、一個で一貫と使うな。そこいらの語源辞典では重さとか値段からというが貫の字義を見ろ。

知れたある　シレタアル　しれたある

知れてる、たいしたことないの意。

白さん　シロサン　しろさん

ローソクのこと。

撓む　シワム　しわむ

しなう、たわむ。

しわんぼ　シワンボ

ケチ。

しわん坊の柿の種　シワンボノカキノタネ　しわんぼのかきのたね

しわんぼ（ケチ）。つまりケチはいらない柿の種までおしんで人にやらない、という皮肉。

信玄弁当　シンゲンベント　しんげんべんと

小袋（信玄袋）に入った重ね弁当。煮しめひとつにしても汁を含ませすぎないよう配慮した。

じんじろ　ジンジロ

頭のつむじ、ぎりのこと。

しんだし　シンダシ

芯出し鉛筆のこと。つまりシャープペンシル。

ス（す）

ずう

ズウ

辞書には大体タバコのやにと書いてあるが、ズウとは南京やメロンの種を含んだグニャグニャの部分をズウと言う。

掬う

スクウ
すくう

堂島で、米相場で儲けること。相場の場立て屋を掬い屋。損したことを「踏む」と言う。

すぐち

スグチ

ひょっとこのこと。酢を口に含んだときに口をとがらせた顔から。

ずさずさ

ズサズサ

ズルズルべったなこと。「あいつマリにずさずさやで」

すじこい

スジコイ

せこい、欲どしい。

すし詰め

スシヅメ
すしづめ

すし詰めの満員電車なんて表現をするが、これは握り寿司ではなく、大阪寿司の中の「箱寿司」のこと。折箱にきっちり詰めている状態からの連想。大阪寿司の古老から聞いた話です。

すじめ寿司

スジメズシ
すじめずし

雀寿司の訛。

ずず黒い ズズグロイ ずずぐろい

病的な黒さ。「あいつ肝臓やられて顔がずず黒なったなあ」

すってんと スッテント

すっかりと、まるっきり、てんで。「あいつとの約束すってんと忘れてた」

すっぽん スッポン

運動会で一度だけの使い捨ての地下足袋。足裏のアメゴムも薄く、スニーカーが出現するまでの存在。小学生が主に使っていたが、昭和四十年頃姿を消した。すっぽり足を覆うのが語源か。

すっぽんかます スッポンカマス

すっぽかすからか。約束を破る。「お前十時に来る言うてたやろ、すっぽんかましやがって」

すっぽんぽん スッポンポン

丸裸。スットコスッポンとも。

すぼ スボ

飯ダコの雄。飯のない雌ダコも。

すぼこい スボコイ

抜け目がない。ちゃかりとした。

すぼっこい スボッコイ

すぼっこいは、金払いのきれいなこと。気前がよい。「南陵はんはすぼっこいから気持ちがええわ」ちゃんと「っ」を付けるように、そうしないとすぼこいになる。

すぼっこな　スボッコナ

殺風景な、愛想のない。

すまんだ　スマンダ

隅の方。堀江のアミダ池の尼寺の境内にあった飲み屋の名。（三代目南陵が時々寄っていた）

すんがり　スンガリ

すっきり。「快晴や、すんがりした天気でよろしおしたなぁ」　スンズリとも。（秋のさわやかさの意）

セ（せ）

ぜえたく煮　ゼエタクニ　ぜえたくに

たくわんの古漬けを醤油でたいたんを言う。ほんにぜえたくや。（皮肉）

せからしい　セカラシイ

せからしいの別の言い方、せかせかと忙しいこと。

せちがう　セチガウ

『広辞苑』では責める、いじめるとなっているが、大阪では逆らう、おちょくるの意味。「親の言うことにいちいちせちがうな」

せちろしい　セチロシイ

せっかち、せわしない。「もうヤイヤイとせちろしい言いな」　せちくるしい、せつくるしいとも。（ケチ、気が小さいの意も）

扇子換（交）わす　センスカワス　せんすかわす

婚礼を整える時やお見合いを向こうが承諾した時「扇子換（交）わしてもよろしあっか」「ヘエ、うちの子も気に入った言うてまっさかい」

ソ（そ）

束る　ソクル　そくる

ひとまとめにする。

ぞける　ゾケル

①ひわいなこと、エッチなこと。「そんなぞけた話しなはんな」　②年に似合わず派手な格好するオバチャン。「ぞけた格好」と言う。

ぞれる　ゾレル

崩れるだけでなく、溢れるの意あり。

そろっと　ソロット

そうっと、そろりと、ゆっくりと。

タ（た）

鯛をまわす

タイヲマワス　たいをまわす

雑魚場の相互扶助精神。最初小さな鯛を出して、次々隣が受けとって大きく大きくして、その鯛を最後に高値で買い、その金を困ってる者にやったから。

大小

タイジョ　たいじょ

初の誕生日の時、餅をついて近所に配ること。家によっては鏡餅にし食紅で男なら大、女なら小と書き、子どもの頭にのせたりした。

橙々の数くうてる

ダイダイノカズクウテル　だいだいのかずくうてる

年をくうてることだが、亀の甲より年の功に近い用い方。

大納言

ダイナゴン　だいなごん

上等の小豆。小豆が尾張の名産だったので尾張大納言にかけたしゃれ説と、なんぼたいても皮が破れないので大納言のような高貴な身分の人は切腹しなかったからという説。

高足

タカアシ　たかあし

竹馬のこと。たけうまでっせ。ちくばとちゃいまっせ。竹馬の友のちくばは、魔女のほうきのように葉の部分を下にまたがり竹を馬にみたての遊びのこと。

竹返し

タケガエシ　たけがえし

ひご返しとも。竹を巾一・九㎝、長さ十五㎝ほどの長方形のへラにし（裏は緑や赤に塗っていた）、手の甲に十本ほどおき表五枚、裏五枚と指定して手をトントンと上下させて指定の数にそろえる遊び。そろえたら向うの柱にデンして帰ってくる。枚数は遊び相手と相談（一八三頁参照）。

竹の子

タケノコ たけのこ

食べ物でなく包帯やゲートルを巻くとき、ずれないよう二・三度折り返す、その折り返しを竹の子という。

たこをつる

タコヲツル

年少者を、わざと失敗を見逃してあとでひっかけて叱る時に使う。「あっ、こんな包み方しやがって、あのアルバイト蛸つったろ」ひっかけづりをするからたこを釣ると言うのだろうか。

たこたこ

タコタコ

蛸のはりぼてをかぶり面白く踊るのを、何重にも見えるタコタコ眼鏡で見る大道芸。四天王寺名物。ホニホロとも言う。私も記録映画で見ただけだが、その記録映画の解説者が「何の踊りか大道芸かわかりません」と言っていた。大阪のことは、こっちに聞きにこい。

出し置き

ダシオキ だしおき

色々と使うが、漬け物を樽から出して日の経ったもの。

だす

ダス

天満あたりの市場の言葉。ですにあたる。「さいでやす」が「さいだす」「そうでおます」が「そうだす」天満の言葉の方が荒っぽい。「さいだす」と言う人がいたら「あんさん天満でごわりまっか」と船場の人はたいてい聞く。

だだぼだ

ダダボダ

乱雑にちらかしている様。「あいつの部屋だだぼだやないか」

橘屋のへそ

タチバナヤノヘソ
たちばなやのへそ

落語のまんじゅう怖いに出てくる。今はもうない。白あんの羽二重餅。正式名は焼巾頭。饅頭の上を凹ましてあるのでへそまんじゅう。

棚元

タナモト
たなもと

勝手元、台所。

たぶら

タブラ

ふくらはぎのこと。（たぶは耳たぶのたぶと同意か）

食べさし

タベサシ
たべさし

食べ残し、食べてる途中。「食べさしこっちゃにまわすな」「途中でたつな、まだ食べさしやないか」

玉かけ

タマカケ
たまかけ

卵かけのこと。船場生まれの母は「今朝は玉かけごはんやで」とよく言っていた。

玉ころ

タマコロ
たまころ

「この頃のカバン、下に玉ころ付いてるなぁ」「あらキャスター言いまんねん」これで玉ころの意味わかりまっしゃろ。

賜す

タバス
たばす

たまわる、くださる。「仏檀のおそなえ、たばって来て」

たらたらっとさがる

タラタラットサガル

大阪人はゆったりした下り坂を表現する時に使う。「堺東の銀座通りタラタラッとさがったら太鼓饅頭屋がおまっしゃろ」

樽入れ

タルイレ
たるいれ

他村の男と自分の村の女が通じた時、男を池に放り込み半殺しにして帰し、女の家に空き樽を放り込み酒をせしめる物騒な習わし。

団平舟
段兵衛舟
団兵衛舟

ダンベエブネ
だんべえぶね

石炭や砂利運搬の船。艫(とも)の船底に家族が住んでいた。上に板蓋がある。映画「泥の河」の世界。

チ（ち）

ちぃ

チィ

ジャンケンのチョキのこと。それぞれの頭をとってぐちぱ戦争という遊びがあった。相手がこちらの手と同じようにつられたら負け。アッチむいてほいのジャンケン版。「軍艦　軍艦　破裂」「破裂　破裂　沈没」と三回目で同じにしたら勝ち。手でも足でもやった。足は横に開いて「ぱぁ」たてに開いて「ちぃ」閉じて「ぐぅ」もうなくなったのかと思てたら、「グリコ　グリコ　ハクサイ」「ハクサイ　ハクサイ　チョコレート」でやっていた。この方が平和でええなあ。〈チィちゃんパァちゃんグーリコちょうだい、紙（手はぱぁ）に包んだグリコちょうだい〉というのがジャンケン歌であった。『大阪のわらべ歌（柳原書店）』に未収なので載せておく。チスチスはチスパスグスも同じ遊び、大阪はとにかくちょきと言うな!! ちぃなんやけど、グーをグリコと表現するのはグリコの宣伝がきっかけなんやで。

知恵ぼとり

チエボトリ
ちえぼとり

知恵熱のこと。幼児が熱で体がほてってるところからか。

縮こ握り

チヂコニギリ
ちぢこにぎり

なけなしの、貴重な物。「ちぢこにぎりの金や」

ちちりん

チチリン

チンチロリンのこと。松ぼっくり。

小さ

チッサ
ちっさ

幼児や赤ん坊のこと。「うちのちっさ手えかかりまんねん」「どこのちっさもそうでっせ」

ちっちぜみ

チッチゼミ

チィチィぜみ、ニィニィぜみ。

ちまめはん

チマメハン

指ほどの紙につるつるの紙を巻いて裾をプツンと切って立つようにした4㎝ぐらいの紙人形。乳首のおしゃぶりもちまめと言います。

ちめちめ

チメチメ

ツネツネ。すなわち、つねくること。

ちゃぶつく

チャブツク

水や茶を飲んで腹がだぶついている時、ここからどう変化したのか損や失敗を取り戻そうとして、また損や失敗を繰り返す時にも使う。「あせったらあかんなあ、ちゃぶついてばっかりや」

茶羅くら

チャラクラ
ちゃらくら

ええ加減な奴、また、ええ加減なことを言ってること。「あの仲人のちゃらくらにだまされて結婚したけどあの男借金だらけや」

ちゃらっぽこ

チャラッポコ

チャランポラン。

茶袋往生

チャブクロオオジョオ
ちゃぶくろおおじょお

茶袋を糸で茶ビンの中に吊りさげている様から首つり自殺のことを言う。ティーバッグなんて日本は戦国時代からありました。

中止

チュウミ
ちゅうみ

遊びの時のタイムのこと。チュウキとも。

ちょいらかす

チョイラカス

言葉なぶりをする。おちょくる。

ちょう

チョウ

船場では大川町・渡辺町、それ以外はマチ。

提灯出す

チョウチンダス
ちょうちんだす

金の工面がつかず倒産したりした時に使う。ひっそくした時、提灯をかかげ潜り戸からひっそりと出入りして身をつつしんだところから。

帳場

チョウバ
ちょうば

商家の帳面をつけるところだけでなく、町内にある人力車の営業所。今のタクシーの営業所のような所を言う。

チ（ち）

ちょうぼ車　チョウボグルマ　ちょうぼぐるま

帳簿車はハイヤー並みの高級貸し切り人力車。

ちょうわい　チョウワイ

帳祝の略。正月四日に帳簿を新たにおろすこと。

ちょける　チョケル

自分でおどけること。相手をおちょくることはチョクル。

ちょっつくぼる　チョッツクボル

しゃがみこむ。

頂辺　チョッペン　ちょっぺん

てっぺんのこと。兜の鉢の頂の、直（ちょく）平という語源説もあるが、ここは頂辺をとりたい。

ちょっぽり　チョッポリ

ミカン類の星形のヘタ。ちょっとしたでっぱり。

ちょびちょび　チョビチョビ

ちょいちょい。少しづつ、ちょっとづつ、という時にも使う。

ちょちょまう　チョチョマウ

少々迷うこと。

ちょぼいち　チョボイチ

①一つのサイコロの目をあてる博奕。②運がよすぎる時。「ショウコちゃん宝くじあたって玉の輿にのってチョボイチやがな」

ちょん チョン

①福おこしの梅干しぐらいの丸めたおかしん。
②それでしまいの時。「安月給やから、喰うて寝てそれでチョン。貯金でけしまへん」

塵の粉 チリノコ ちりのこ

はったい粉のこと。近年見なくなったが「麦茶ァーにはったい粉」とセットの行商があった。はったい粉は麦こがしのこと。

ちん チン

間食のこと。「このコロッケ、チンにするから、今食べたらあかんで」寝チン、起きチンという表現もある。最近は電子レンジにかけることを言う。

ちんからりん チンカラリン

一斗缶の横にいっぱい穴をあけた、持ち運び用の簡易コンロ。

チ（ち）

ツ（つ）

づうよりしてる ヅウヨリシテル
丈も巾もゆったりしている様。づうよりしてる。

つかいたみ ツカイタミ
使い痛みの略。

継ぎ合い 接ぎあい ツギアイ つぎあい
いってこい、おあいこのこと。「この間の仕事と今日のうちの仕事、ごたがいつぎあいにしようか」

つきにけり ツキニケリ
ついに。とうとう結果が出たり、けりがついた時に使う。「これでつきにけりになったなぁ」

つくつくぼうし ツクツクボウシ
蝉のつくつくぼうしではなく、土筆のこと。「土手につくつくぼうし出てたで」

角押さえ ツノオサエ つのおさえ
女の死者の額につける三角の紙。天冠、紙冠のことだが女性の時だけこう言った。嫁はんには生きてるうちにつけたかった？という男の願望からか。

つなぬき ツナヌキ
冬の水田用の皮足袋状の靴。

つねなり―ツネナリ

常のなり、普段着のこと。「なんぼ身内の祝いやゆうて、つねなりはあかんやろ」

壺かぶり―ツボカブリ　つぼかぶり

曇天。壺をかぶったような曇り空やからか。

積み物―ツミモン　つみもん

劇場等での芸人に対する進上物。開店の祝酒。神殿のまぐろや鯛の進上物。

詰を切る―ツメヲキル　つめをきる

細工物の手抜きをすること。締め切りを日のべして間に合わせることも言う。づめとも言う。

つもごりうどん―ツモゴリウドン

晦日そばのうどん版。

面一―ツライチ　つらいち

平均にならす、同じ高さにする。

連らって―ツラッテ　つらって

連れだって。「オイ、夫婦連らってどこへ行くねん」

つんけん―ツンケン

つっけんどんか。偉そぶって愛想がない。「あそこの仲居つんけんしとるやろ」

ツ（つ）

テ（て）

手
テ
て

山手、海手のように方角方向のこと。山の手とは違う。「ＪＲの甲南山手駅なんか阪急より海手やのに、なんで山手やねん」「そら山の手の高級感出そおもたんちゃいまっか？　それが手ェでっせ」さてこの手の意味は？

手板
テイタ
ていた

メニューのこと。薄い経木に書いたとこから。『上方語源辞典』や『大阪ことば事典』にはこの用法が抜けている。

手打ち酒
テウチザケ
てうちざけ

大阪の商習慣。堂島の米相場で両者の値段が決まったときや大きな商取引が決まったとき、双方大阪締め（一五四頁参照）の手打ちをするが、そのあと必ず花街（かがい）で「手打ち酒」が行われた。酒をくみかわしてしかと約束が確実となった。書付けよりも手打ち酒の方が確かという信念があった。

手がう
テガウ
てがう

てんごする。からかう。

手絡
テガラ
てがら

丸まげの根元にかけるきれ。

手灯り
テッカリ
てっかり

ライターやマッチの意に転じているが、元々は香具師仲間の夜店でのアセチレンガスの灯のこと（『堺旧市の懐旧』昭和五十年六月　九十七頁私家版）。山王町の寿司屋でこの言葉を聞いた時は何のことだろうと思ったが、店主がさも当然そうにライターを出したのには驚いた。

でっつい ― デッツイ

大きい、ごっつい。

鉄砲口 ― テッポグチ てっぽぐち

筒袖から転じて背広やYシャツの袖口。

手手かむいわし ― テテカムイワシ ててかむいわし

魚の売り声。「イワシやイワシや、手手かむイワシや」というのが大阪での定番の売り声になっていますが、司会者の故大久保怜氏が「あれは、漫才師がふざけて言いはじめた売り声や」と教えてくれました。「イワシに小アジ、とれたてのイワシやでぇ、小アジはどうだ」という売り声が一般的。

出前箱 ― デマエバコ でまえばこ

東京の岡持ち。

照り降り ― テリフリ てりふり

気分、気持。「あいつ照り降りが激しいから扱いにくい」

てん ― テン

「てんとわからん」と使うようにさっぱり、まるで。

でん ― デン

伝次の略か。タッチすること。「向こうの電柱にデンして戻ってくるねんで」

電気トンボ
デンキトンボ
でんきとんぼ

お歯黒トンボのこと。

でんこ
デンコ

伝法公のことか。町のチンピラ不良。『上方語源辞典』の家出者とはニュアンスが違う用法。「あんなデンコ相手にしいな」

天地天地
テンチテンチ
てんちてんち

互い違いに。

てんてらてん
テンテラテン

服が小そうてきゅうくつな時。つんつるてん。また、金がなくなってスッカラカンの時にも使う。

天王寺蕪
テンノジカブラ
てんのじかぶら

テンノオジと言うのが普通だが「わしの嬶はテンノジカブラ、色が白うて背が低い」と調子つける時はテンノジカブラ。これが信州へ行って野沢菜となったと言われていたが、実は違う。
（二〇三頁参照）

テ（て）

ト（と）

とう ― トウ

島之内の言葉の語尾。借っとう（借りてきて）・居てとう（居ててくれ）神戸の「何しとう?」とはニュアンスが違う。「とう」「そやし」などが島之内の言葉。

土塔 ― ドウト どうと

今はそのまま堺の地名を、どとうと発音しているが昔はドウト。百舌鳥もモズでなくモォズと発音した。

到来帳 ― トウライチョウ とうらいちょう

香奠の帳面のこと。

道楽な ― ドウラクナ どうらくな

だらしない。ずぼら、ぞんざいなど投げやりな態度の時に使う。「どうらくなことすんな、ちゃんとせい」

ときとんぼりなし ― トキトンボリナシ

しょっちゅう。「あいつときとんぼりなしに、たんねて来よる」トキトンボなしの訛。

毒花 ― ドクバナ どくばな

ひがん花のこと。

滞る ― トゴル とごる

溶いた片栗粉が沈殿して固まった様子の時などに使う。「とごってる片栗粉を指でまぜて、鍋に入れてとろみつけるんや」

とすけもない
トスケモナイ

とんでもない。「そんなとすけもない話持ってくるな」

どたびる
ドタビル

泥田のアヒルのこと。今は河内鴨と言う。

とっけもない
トッケモナイ

トスケモナイの訛。

土樋
ドビ どび

どぶに埋める土管。

飛田者
トビタモン とびたもん

昔、飛田に刑場があったことから、死刑囚のこと。

どぶ漬
ドブヅケ どぶづけ

ぬか漬けであるが、古漬けのようによう漬かってるやつ。どぼ漬けとも。

どべつけな
ドベツケナ

毒々しい色や形。ドベツケナイとも言うがふつうはイは省略。「どべつけな服着て」

どまくれる
ドマクレル

自滅する。自分勝手に窮地に陥った時に使う。泉州で多用。どまぐれるからの意味の変化か。

どまぐれる
ドマグレル

とまぐれるとも。途紛れるか。①まごつく、あわてること。②大声を出す。

鳥屋 トヤ とや

『大阪ことば事典』や『上方語源辞典』の用法以外に天神祭等、祭りの各講が構える仮小屋のことも言う。

取り腰 トリゴシ とりごし

強引で押しが強い。「あいつとこには取り腰の強い奴行かさんと、金、払いよらんぞ」

取込箱 トリコミバコ とりこみばこ

出前箱のとってのない白木づくりの箱。肩に担ぐ。

どれる ドレル

あふれる。

どろどろくわす ドロドロクワス

駆け落ちをすること。

泥棒抜け ドロボヌケ どろぼぬけ

表から入って裏から出ていく。

陶 トン とん

庭に置く陶製の円形の腰かけ。

とんごり トンゴリ

にこごり。

どんずる ドンズル

魚具のもんどりのこと。大阪市内の中心部あたりの言葉。

どんどん焼 ドンドンヤキ どんどんやき

一銭洋食のこと。トントン焼とも。

トンビ とんび

大阪ことば事典②二重まわしとしかない。二重まわしとはインバネスコートの日本風に工夫したもの。襟の毛皮は絶滅した「ニホンカワウソ」。このトンビにも春秋用スプリングコートと冬物の二種で二重まわしは冬物をさす。外と内にたくさんのポケットがあり、裏地は黒じゅす。たくさんのポケットのため手持ちぶさたとなり、象牙の犬や象などの彫刻が頭の部分にある通称「支那竹」と呼ばれたステッキを持った。従って二重まわしとステッキは冬。

どんび ドンビ

どぶの訛。

どんぶりこ ドンブリコ

物が浮いている様からボウフラのこと。

とんぼ トンボ

絵画「無我」のモデルの子のように、伸びた髪のてっぺんを紐で結んだ髪の形。

どんめし ドンメシ

うどんとご飯を一緒に食する。相乗りとも言う。

ナ（な）

無いもん買い
ナイモンカイ
ないもんかい

大阪の落語のネタであるが、元々は明治の子ども達の遊びから。店に無いことを知りながら、豆腐屋に「自転車おくれ」と言ったりする単純な遊び。

なかて
ナカテ

三人兄弟のまん中の倅。まん中、奥の方。「もっとなかて、さがさんかい」

泣き
ナキ
なき

泣き虫以外にセックスでよがり声をあげる女のことを言う。こんなん辞典に載せられんわァ。

泣く
ナク
なく

値段の交渉の時に使う。「もうちょっと泣いたって」

名古屋ふぐ
ナゴヤフグ
なごやふぐ

泉州あたりで言うトラふぐのこと。あたったらオワリのしゃれ。また、マフグのことなど諸説あり。ついでながら、ふぐを鉄砲と言うのは玉にあたるというポピュラーな説に対し、鉄砲と同じく禁止されていたのを許可なく売っていたとする説もある。

七草
ナナグサ
ななぐさ

大阪ではナナグサガユと濁る。

なにおいな
ナニオイナ

何をやねん。「それ取って」「何をいな、それではわからへんがな」

なぶる
ナブル

『上方語源辞典』の用法以外にも治すの意あり。「この機械、ちょっとなぶったらようなった」いじるの意あり。

なまこ
ナマコ

トタン板のこと。亜鉛引きの薄い鉄板で、鉛公からか。

成り物
ナリモン
なりもん

果実のこと。

並列
ナレツ
なれつ

①ならす。平均で、きちんと整える時にも使う。「ちょっとあんたら凸凹やで、なれつに並び」
②一律に。「召集令状もなれつにだしてへん、長男は外してた」

南京割る
ナンキンワル
なんきんわる

破産するの意であるが、負債という難儀を負債者が均等に割る難儀割の説あり。

なんど
ナンド

何ぞの訛。おやつや間食を指して「何どないか」と言う。

ニ（に）

煮え込む
ニエコム
にえこむ

はまりこむ。のめりこんでしまった様。元々は杭などが地中にめりこんだ時に使う。

にぎりずし
ニギリズシ

文政時代には大阪にすでにあり、江戸の歴史と変わらない。「うまいもん澁蓄帳」大阪寿司の項百六十四頁参照。

憎そい
ニクソイ
にくそい

にくたらしい。

にくてん
ニクテン

うすく円形に伸ばしたメリケン粉にコンニャク、紅しょうが、干しアミエビを入れた安物の洋食焼。一銭洋食。

にじる
ニジル

『上方語源辞典』の用法以外に、いざってる。ねじれてる時にも使う。

日月ボール
ニチゲツボール
にちげつぼーる

剣玉のこと。

ヌ（ぬ）

ぬけそけ
ヌケソケ

抜けそとも。途中で抜けだすこと、エスケープ。

ぬすくる
ヌスクル

こすりつける。

ぬばる
ヌバル

ねばねばしている様子。「牛乳手のひらでこすってたらぬばってくるで」

ネ（ね）

ねーや
ネーヤ

お手伝いさんのことも言う。

ねきもん
ネキモン

脇、つまりねきに置いてしまっている品物。売れ残りの商品。

ねこ
ネコ

猫餅のこと。細長くした餅。猫が寝ている様から。「この餅ねこにしといて、丸めたらあかんで」のし餅。「ねこをこなして」は薄く切っての意味。

ねこあくび　ネコアクビ

鰹のこと。大阪ではありふれて猫もあくびをするほどの魚だから。江戸っ子はこの程度のものを初鰹といって嬉しがった。

猫の糞　ネコノフン　ねこのふん

本来ははったい粉を水飴で固めたものだが、それが無うなってからはカリントの小さな茶色い方を言い、大きく黒い方を犬の糞と言う（オランダのこと)。東京堂の『ことば遊び辞典』にはネコノフンは意味不明とあるがこのこと。又、豆を黒砂糖でまぶした砂糖菓子のことも言った。

寝り　ネリ　ねり

泉州あたりで寝なさいの意味。「早よ寝り、あしただんじり引くんやろ」

ねりをかえす　ネリヲカエス

一度飲み込んだ食べ物を再度胃から戻して咀嚼する牛の動作のこと。

ノ（の）

のいて
ノイテ

どいての意。

野送り帳
ノオクリチョウ
のおくりちょう

会葬帳のこと。

のおれんにもたれる
ノオレンニモタレル

頼りないこと。手応えのないこと。「麩噛んでのおれんにもたれとるよな奴とつきあうな」ノオレンはもちろん暖簾のこと。

のじ
ノジ

長持ちする。「備長炭だけあって、のじあるなぁ」

野施行
ノセンギョウ
のせんぎょう

牧村史陽氏の「大阪ことば事典」では、狐狸に応報を願うて油あげやおむすびを祠や小社に供えに行くとあるが、船場あたりでは河内の瓢箪山あたりまで歩いて竹の皮に包んだお赤飯を置いて帰った。一日がかりのピクニックやなぁ……。

のきしのぶにややとと
ノキシノブニヤヤトト

大根の葉のほしたんと、だしじゃこの炊き合わせ。

のっこりと
ノッコリト

ちゃっかりと。

のっこつ――ノッコツ

『上方語源辞典』の用法以外に滑らかでない時、量が多くて消化しきれない時。「口の中でまだのつこつしとるがな」

のっとする――ノッットスル

油こくてベタベタしてる時。「中華料理はあとあとまで舌がのっとするなぁ」

のんどり――ノンドリ

のんびりの訛。ゆったりしている様。

ハ（は）

はぁもにか――ハァモニカ

はものすり身の棒天ぷら。（かまぼこ）

はいらず――ハイラズ

前が金網になった食器棚（蠅入らず）。

はしょる――ハショル

『上方語源辞典』ではハショルと言わぬとあるが、省略する時には「ハショル」と言う。尻端折りとは尻からげのことで「しりっぱしょり」と言う。逆に『上方語源辞典』でいう「ハッショル」の用法は聞いたことがない。

場席　バセキ　ばせき

大阪弁では場所や場合のことを言う。「今、そんなこと言うてるばせきやないやろ」

はちはち　ハチハチ

目一杯、ぎりぎりの時に使う。「もう、はちはちや。これ以上がんばれんわ」

蜂八兵衛　ハチベエ　はちべえ

おてんば娘以外おさせ娘のこと。尻軽女のこと。蜂の刺すとさすのしゃれ言葉。

初恋の味カルピス　ハツコイノアジカルピス　はつこいのあじかるぴす

驤城卓爾（こまきたくじ）という今宮中学（現：今宮高校）の漢文の教師の作ったキャッチコピー。武田麟太郎や蒔沢桓夫などの辻馬車の同人。

ばってら　バッテラ

もちろん鯖寿司の一種であるが、語源はボートのポルトガル語というが、明治二十六年に順慶町のすし常が考案した頃はこのしろ（こはだ）であったし、水上警察のボートをバッテラと言っていたからで直接のポルトガル語からではない。ふきんでこのしろを整形したので、ボートの形に似たわけで、今の箱寿司とは違う。

ぱっとせん　パットセン

色や柄がはっきりと目立たない時。「あんまりパッとせんなぁ」人間にまで応用がきく語。

ぱっと見　パットミ　ぱっとみ

ちょっと見たら。「ぱっと見ィにはきれいに見えるけど、あら化粧でごまかしとんねん」

話喰い はなしくい ハナシクイ
他人の話を横からとって主導権をとる人。『上方語源辞典』の意味だけではない。

鼻つん はなつん ハナツン
鼻づまりのこと。ツンツンと愛想のないタカビーとは違う。

ばば ババ
汚い名前だがお菓子。でんぷんを黒砂糖と一緒にたいいた、わらび餅風のもの。

はまり ハマリ
農繁期の臨時雇い。時期にあてはめるからか。

はみ ハミ
ハメ、とも。蝮のこと。ハブと語源は同じ。食(は)むからだろう。

春永 はるなが ハルナガ
年末の挨拶語。「何分押しつまりまして、いずれ春永にごあいさつに伺います」

パン ぱん
音からか、ベッタンのこと。メンコ。

半助 はんすけ ハンスケ
鰻や穴子の頭の部分。特にうなぎは「うづら」(う面)とも。半助の下の身のある部分をえり巻と言う。

ヒ（ひ）

東

ヒガシ
ひがし

東のあかいの何にもならぬ。西が赤けりゃ鰯なと、とれる。（お天気の夕焼けはあした天気）

火方

ヒカタ
ひかた

消防士の古い言い方。

ひげ口

ヒゲグチ
ひげぐち

ひげの濃い顔。

ひしかい

ヒシカイ

物が変形すること。ひんまがること。

びしゃこ

ビシャコ

しきみ。一心寺の前の商店に「びしゃこあります」という紙札があったが、もう通じぬのか今はない。

ひだりぎっちょ

ヒダリギッチョ

ぎっちょでさえ左利きなのに、さらに上に左を付ける。

質八屋

ヒチハチヤ
ひちはちや

質屋の強調した語。

びっくり毛

ビックリゲ
びっくりげ

陰毛でヒョロっと長い毛のこと。年取ると出現します。

一粒三〇〇メートル

ヒトツブサンビャクメートル
ひとつぶさんびゃくめーとる

グリコのキャッチフレーズ。体重四十キロの人が三〇〇メートル走れるカロリーがあるということ。

ひとのごんぼでそうれんだす

ヒトノゴンボデソウレンダス

「他人の御坊で葬礼出す」他人のふんどしで相撲をとると同意。ヨソノゴンボデホウジスルとも。

ひなづ

ヒナヅ

文句や、へ理屈。「あいつひなづ言いやから嫌われるねん」

ひねひね

ヒネヒネ

つねること。チメチメ、ツネツネ、ンメンメ（んめんめ）とも。

日の辻

ヒノツジ
ひのつじ

昼寝のこと。

姫糊は夜買うな

ヒメノリハヨルカウナ
ひめのりはよるかうな

姫糊は柔らかい洗濯糊。「火目に寄る」火事あわんようにと言うしゃれ。

紐落とし

ヒモオトシ
ひもおとし

女の子が五つになると着物を紐から細い帯に替えて祝うこと。男子は五つになると袴をつける。着袴の祝。

ひょうがらのおばはん

ヒョウガラノオバハン

マスコミが勝手に作ったイメージ、大阪にいてない。二〇〇五年博報堂生活総合研究所が東京の主要駅でアニマル柄の着用した割合を調査。東京圏四・三%　大阪圏三・五%であった。ヒョウ柄の服着て、値段を負けて負けてと言うオバハンがおったら、東京のマスコミよ、私の前へつれてこい。きっとそれは大阪人になりたがるヨソ者である。

俵廻し

ヒョウマワシ
ひょうまわし

米の配達。しいては配達のこと。

ぴんしょ

ピンショ

大阪湾河口で船上生活者相手の売春婦。すぐやらせる娼婦。すなわち敏娼と言うが、私には便所の訛としか思えない。しかし米一升・ピン升でやらせる説もある。

びんぼうえべす

ビンボウエベス

『上方語源辞典』の用法以外に堀川戎のことを言う。（神主さんごめん）

フ（ふ）

ぶいな子
ブイナコ
ぶいなこ

おとなしい子。うぶい子の意か。無異なるか。

福神漬
フクシンヅケ
ふくしんづけ

大阪人は濁らない。

福沸かし
フクワカシ
ふくわかし

正月四日雑煮や雑炊にカブ、チシャ等を入れるげんかつぎの汁物。

ぶっちゃけあきんど
ブッチャケアキンド

露天商。地面に品物をぶっちゃけたようにして売るから。

風呂の中で屁ぇこいたような
フロノナカデヘェコイタヨウナ
ふろのなかでへぇこいたような

頼りない。ええ加減。つかまえどころのないときの表現。言わんようになりました。「ほんまに、風呂の中で屁ぇこいたような奴ゃ、頼んないにもほどがある」

ふんごみ
フンゴミ

鹿の皮でできた防寒用のパッチ。踏み込みからか。

「へ」というより「え」

へというより エ
へ というより え

女性の語尾に付ける語。「見とおみやへ（え）」「そうおしやへ（え）」へ（え）を付けると、見てごらんなさいませ、そうなさいませの「ませ」のように上品になる。

へェこいて寝よ

ヘェコイテネヨ
へぇこいてねよ

「アァ〜アホらし。家へ帰って風呂入って、へェこいて寝よ」「アホにアホちゅうアホはほんまのアホや」「目ェかんで死ね」全部死語。

べに

ベニ

『上方語源辞典』ではトンボの雌とあるが、大阪では特に銀ヤンマの雌のことを言う。

べろべろ

ベロベロ

ベロ、つまり舌の形をした安物の芋澱粉でこしらえたわらび餅。赤や青の色づけしたものをまぜて子どもたちの食欲をそそった。

べんてらはん

ベンテラハン

弁天さんのことで、堺から泉州にかけての訛か。

ホ（ほ）

ほあてん ホアテン

あわてん坊のこと。

宝さん ほうさん ホウサン

花柳界の上客。ほうさんとほうがん(判官)としゃれて、いっつもそばでおごってもらっている人間を弁慶と言う。

棒太 ぼおた ボオタ

貧しくて仲人をたてられない時、男友達が娘を駕に乗せて相手の男に届ける婚姻の形。

棒張る ぼおはる ボオハル

『上方語源辞典』では反抗するの意だが、あてつけるの意も。「えらい棒張りやな」は「あてつけがましいな」の意。

干菜 ほしな ホシナ

形から首吊りのこと。

ホシリ ほしり

干し飯(いい)のこと。ホシリを集めてほうろくで炒って砂糖で固めたお菓子は、明治の子にとって好物の家庭菓子であった。

ぼっさり ボッサリ

ぼんくら。他人を叱る時など「このぼっさりゃぁ」と罵る。泉州から河内で用いる。

ボッタラ焼き

ボッタラヤキ
ぼったらやき

洋食焼から、さらにお好焼きのこと。

ぽっちり

ポッチリ

①ちょっと、ちょびっと。②足袋の小はぜ。

ぽっとりおとし

ポットリオトシ

赤出汁などに卵をぽっとりと落とし、ひと煮立ちさせること。「味噌汁はぽっとり落としにすんのんか」

ぽっぺん

ポッペン

アホでかたぶつの人。東京でのビードロのことで、底が薄くて固いのでそう言う。ケンカの弱い奴を、底が薄くて弱いのでポッペンのケツ（尻）と言う。

ほらがでる

ホラガデル

ほらという怪物が土や水中から天上するという言い伝えから、山崩れや鉄砲水の時に「ほらが出た」と言う。

ほるもん

ホルモン

焼肉のホルモンは、医学用語の内臓（ホルモン）の料理への応用であることは専門誌に詳しい。しかしあいかわらずはびこっているのは「放るもん」説である。在日の人や被差別部落の人が貧しくて肉が食べられないため田んぼに肥料として埋めてあったものを掘り出して食べた。つまり食肉として「放るもん」を食べていたというのである。農学部出身の私として動物の内臓を肥料にするには単に土に埋めればよいというのではないことはすぐにわかるし、そんな肥料は聞いたことがない。毎日出てくる内臓は膨大であり、田畑に埋めてられない。やはり食べていたのである。しかし下等な食べ物とされていたので公になりにくかっただけである。あの水戸黄門の食事内容の中に「ブタノワタ」豚のはらわたとカタカナではっきりと書いてある。「大阪弁笑解」の項百五十二頁参照。

ほろなやする

ホロナヤスル

『上方語源辞典』ではホロナヤスとあるが、ほろなやするで使う。「旦さん、事業に失敗してほろなやしてなさる」というふうに失敗して気落ちしている様子の時に使う。

ぼろんちょん

ボロンチョン

簡単なこと。ぼろんのちょんとも。「わいにかかったらぼろんちょんで仕上げるで」

ほんじゃり

ホンジャリ

ぽしゃりよりさらに強い言い方。おっとりして柔和（にゅうわ）なこと。ぽちゃぽちゃして可愛らしい様。ぽじゃぽじゃしてるとも。

ぽん骨進上

ポンコツシンジョオ
ぽんこつしんじょお

殴り殺されること。「牛は田畑をかえした暁は、ぽんこつ進上。しまいの果てにはスキヤキに」

ぼんさん

ボンサン

坊ちゃんの「ぼんさん」は語尾がさがる。坊主をあらわすのは「ぼんさん」となる。同じアクセントで「ぼんさんにやるぞ」は丁稚や見習い奉公させること。

ぽん水

ポンスイ
ぽんすい

ラムネのこと。明治一八年に川口居留地十八番館で売り出された。

盆だて ボンダテ ぼんだて
盆の時に嫁の里へ飛び魚や履き物を贈ること。

本町 ホンマチ ほんまち
味噌のこと。本町付近に味噌屋が多かった。今も米忠味噌がある。ここは赤出汁味噌の発祥の店。

マ（ま）

まぁ真ン中 マァマンナカ まぁまんなか
どまん中は下品やね。平成二十四年の夏の甲子園で朝日放送のアナが、「まぁまん中を破りました……」は嬉しかったなぁ。

まいめ マイメ
迷い目か。家が倒産したり金づまりになった時。「まいめになって夜逃げしはった」

前昼 マエビル まえびる
早昼のこと。マイビルとも。

まず マズ

色町でまずいことを起こして追放してしまうこと。芸妓に対する絶縁の言葉。
「あの妓、旦さんしくじって、宗右衛門町まずになってんてぇ」

ませくろしい

マセクロシイ

ませくれる。ませているの意だが、『上方語源辞典』ではませくれるとあるが「ませくろしい子」とかで使う。

町小使い

マチコヅカイ
まちこづかい

町内のちょっとした用をする便利屋。大阪落語に出てくる「てったいのまたさん」

真菜

マナ
まな

菜種の葉。油菜。

まひげ

マヒゲ

眉毛のこと。まいげとも。

まむし

マムシ

うなぎ丼で、ぬくご飯をまぶしてうなぎを食べたからという説があるが、うなぎ博士の亀井哲夫氏は「まんめし＝鰻めし」からと言う。

丸かぶり

マルカブリ
まるかぶり

恵方巻きのこと。船場で福を巻くとして始まった訳ありの行事。但し、船場出身の母からは聞いたこともなく、我が家でやったこともない。船場出身の方にきいても記憶なし。

まんだらこ

マンダラコ

まだらになっている様。

ミ（み）

見閉め ミジメ みじめ

二度見たくない。「あんな芝居見閉めや、ちょっともオモロナイ」

みずや ミズヤ

①水売り、水屋。②葬式屋。③戸棚。

みそをあげる ミソヲアゲル

手前味噌のこと。

みそをする ミソヲスル

ごますり、の大阪弁。

味噌が減る ミソガヘル みそがへる

財産が減る。

道供養 ミチクヨウ みちくよう

昔は家で葬式をし、山がしん（山菓子）や粟こしを子どもたちに配ること。

身所喰い ミトコログイ みところぐい

魚の身のええとこばっかり喰う人。転じてええとこどりばっかりする人のこと。

耳塞ぎ ミミフサギ みみふさぎ

人が死んだ時、災いが及ばぬように耳をふさいだところから、夜伽で飲みあかすこと。

見られ

ミラレ
みられ

多くの若い妓の中で誰にしようかと、見立てる時に使う。

ム（む）

むきつけ

ムキツケ

露骨に。

むぎめし

ムギメシ

このしろ（こはだ）のこと。誰も喰わんのしゃれから。

むじかう

ムジカウ

むし返すこと。

むつこい

ムツコイ

脂濃いもの。ひつこいものを食べたあと、後味が残る表現。「あそこの豚骨ラーメンむつこいで」

胸すかし

ムネスカシ
むねすかし

サイダーやラムネのような炭酸水。

無理くた

ムリクタ
むりくた

無理矢理。「あそこのホステスに無理くた飲まされた」

無理くり

ムリクリ
むりくり

無理矢理の泉州弁。「あそこのホステスに無理くり飲まされた」

室の木

ムロノキ
むろのき

蚊やり。蚊取り線香。

メ（め）

目垢がつく

メアカガツク
めあかがつく

「この絵まだ目垢がついてまへん。旦さんに一番に持ってきたんだすわ」とは絵画商の言い方。

目界だるい

メカイダルイ
めかいだるい

まどろっこしい。縮まってめだるい。

目が固い

メガカタイ
まがかたい

なかなか寝ない子。「目え固いさかいなかなか寝よらん」

めとんぼ

メトンボ

目の前にある品物が見つけられん時。「お前目トンボか。目の前にあるやないか」目つんぼからか。

めめんじゃこ　メメンジャコ

メメジャコ。目高か。小魚。

めめんとこ　メメントコ

自分のとこ。

モ（も）

もがじ　モガジ

大阪で子どもを脅かす時の妖怪で、具体的に姿があるわけでない。「早よ寝んともがじが出るぞ」ももんがの変化形か。ガモジとも言う。

もさひき　モサヒキ

『大阪ことば事典』の名所案内人以外にウソツキの意味もある。

持ち　モチ　もち

用意したもんが無駄持ちになるからか。「あんた帰る言うたのに帰ってけえへんから、おかずがもちになったやないか」

もどける

モドケル

ほどける。戻けるからか。『上方語源辞典』では京都語とあるが大阪でも使用。

元の一

モトノイチ
もとのいち

元の木阿弥のこと。

守さん

モリサン
もりさん

子守さんのこと。

もろぶた

モロブタ

餅箱、もろ箱とも。もろみぶたか。ふたは広蓋と同じ用法だろう。

もんさん

モンサン

田舎もんさん。

もんたいない

モンタイナイ

だらしない。

ヤ（や）

八百屋ひろげる ヤオヤヒロゲル やおやひろげる

ヘドをつく。

やか事 ヤカゴト やかごと

詐欺、ウソ話。「それ、やか事ちゃうんか」

輩 ヤカラ やから

やくざ、チンピラ。

やせがます ヤセガマス

やせぎすと同じ。きす（魚）に対し、かます（魚名）のしゃれ。

八ッ茶 ヤッチャ やっちゃ

おやつ時に出すお茶うけのこと。お茶そのものでない。十時頃はヨッチャである。

やまいれる ヤマイレル

小料理屋の閉店の時、「すんません、もう看板です」のかわりに「もうやまいれましてん」と言う。

ユ（ゆ）

湯上げ　ユアゲ　ゆあげ

バスタオルの類。京から大阪で使用。「ゆあげでよう体ふかんと風邪ひくで」

ゆうない　ユウナイ

芯がないという意味から、しゃきっとしていない、だらしない、頼りない。林家愛染君の守口での経験より。用ないからか。

ゆすり　ユスリ

気どっていること。「えらいゆすりはって」

湯奴　ユヤッコ　ゆやっこ

湯豆腐のこと。

ゆるり　ユルリ

囲炉裏の訛。

ヨ（よ）

よいろ
ヨイロ

成り行き。世の中の様子。『上方語源辞典』は余色とあるが、世色の方が的確か。

よおてぬぐい
ヨオテヌグイ

西洋手拭い、すなわちタオル。昭和の名曲「神田川」の赤い手ぬぐいマフラーにしては、この洋手ぬぐいの略。

よおず
ヨオズ

春の湿気を含んだ南風。また、梅雨の時の湿気の多いことそのものを指す。「ヨオズの時は物が腐りやすいぞ」

よけ
ヨケ

十分にそのものがある時の表現。「喰いよけがあった」「使いよけがあった」

吉野
ヨシノ
よしの

あんかけウドンのこと。吉野くずから。

よ猛なし
ヨダケナシ
よだけなし

生後間もない子はいつ病気になるかわからんので安心できんわけで、そんな時に使う。「まだよだけないさかい、気をつけとかんと」よたけがないと濁らずに言うこともある。

よたっぱち
ヨッタパチ

与太者のこと。

夜の引きあげ

ヨノヒキアゲ
よのひきあげ

夜明け頃。

よてこ

ヨテコ

袖無しの綿入れ、防寒着。ドンタ、ドンギリ、ボッコとも。

よんでんか

ヨンデンカ

酒などを飲み屋で注文する時。「一杯呼んだってんか」「ジュース呼んだってんか」

ラ（ら）

ラッポーエ

らっぽーえ

ラッポーエと言いながらトンボ釣りをした。ラッポーとは銀ヤンマの雄。ベニまたはベンは雌。ヤンマホーエ、ヤンマホーエと言って田の畦で網を振る。テグスに小さな重りをつけて空に投げてからめ捕るのはブリと言う。ブリの掛け声はエッホー、エッホー。つかまえた時は「ガラガラチョン」と言ったり、「ラッポーエ、ベニヤーエ、ギッチョン、ギロギロギネンギッチョン」と言ってまわりに知らせた。生野区あたりでは「ホーエ、ホーエ、ラッポーホーエ、女郎雌で釣ったげよ。わいにかからんと、たくらヤンマ」たくらとはぼんくら、アホの意。

わいご ワイゴ

腋臭のこと。

沸く ワク わく

飴が柔らかくなったりした時。「アメちゃんポケットへ入れてたらわいてしもた」

わっさり ワッサリ

あっさり、さっぱり。

わらべ歌 ワラベウタ わらべうた

大阪のわらべ歌については『大阪のわらべ歌』（柳原書店・右田伊佐雄著）が詳しい。そこに載っていないのを少し載せておく。

◇**おでんの売り歌**

新玉（しんたま）おでんさん、お前の出生はどこじゃいな。私の出生は常陸の国は水戸様のご領分中山育ち。国の中山出る時はわらのべべ着て縄の帯して鳥も通わぬ遠江灘を船に乗せられ艱難苦労いたしまして落ち着く先は大阪江戸堀三丁目、はりまやのてんぞうさんのおうちでお世話になりまして、べっぴんさんのおでんになろうと、朝から晩まで湯に入って湯からあがって化粧して、クシさして新町は竹屋の向かい甘いおむしのべべを着て、柚（ゆう）に生姜・胡麻に唐辛子・青のり山椒をちょいとかけまして、おでんさんの出来上がり。

他は『大阪ことば事典』にあり。但し、山椒をちょいとかけての文句のあとに「おでんさんの身請けはぜぜ次第、おでんあつあつ」というのもある。

◇煮えたった（かごめかごめのように遊ぶ）

あぶくだった　煮えたった
煮えたかどうだか　食べてみよ
ムシャムシャ　まだ煮えぬ

◇はげの数え歌

一つ二つはげがある
三つ右にもはげがある
四つ横にもはげがある
五ついっつもはげがある
六つむこうにはげがある
七つななめにはげがある
八つやっぱりはげがある
九つここにもはげがある
十(と)オでとうとうはげちゃびん

◇天満の子守歌　いろいろ①

ねんねころいち　天満の市場
大根(だいこ)そろえて舟に積む
舟に積んだらどこまでゆくぞ
木津や難波の橋の下

橋の下にはお亀がおるぞ
お亀出てこい　子がだまる

◇天満の子守歌　いろいろ②

ねんねんころいち　ねた子がほしい
泣いて寝ぬ子は舟に積も
泣いて寝ぬ子は舟に積も（くりかえし）
舟に積んだらどこまで行きゃる
木津や難波の橋の下
橋の下にはかもめがいよる
かもめとりたや網ほしや
かもめとりたや網ほしや

◇天満の子守歌　いろいろ③

ねんねころいち　天満の市で
大根そろえて舟に積む
舟に積んだらどこまで行きゃる
木津や難波の橋の下
橋の下にはお亀がいやる
お亀とりたや竿ほしや

◇**天満の子守歌　いろいろ④**

ねんねころいち　天満の市場
大根そろえて舟に積む
舟に積んだらどこまで行きゃる
木津や難波の橋の下
橋の下にはかもめがいやる
かもめとりたや網ほしや
網がほしけりゃ網屋へおじゃれ
網はゆらゆら由良の助

◇**天満の子守歌　いろいろ⑤**

ねんねころいち　天満の市
大根そろえて舟に積む
舟に積んだらどこまで行きゃる
木津や難波の橋の下
橋の下にはおかめがいよる
おかめとりたい　おかめ怖い
(この場合、古い大阪ではおかめとは、亀ではなく狼の解釈)

◇**天満の子守歌　いろいろ⑥**

ねんねしなされ　ねんねんなされ
起きて泣く子はつらにくい
ねんねしなされ　天満の市は
大根そろえて舟に積む
舟に積んだらどこまで行きゃる
木津や難波の橋の下
橋の下にはかもめがいやる
かもめとりたや網ほしや
網がほしけりゃ網屋へおじゃれ
網はゆらゆら由良の助

◇**大阪のからかい歌①**

アホ、ボケ、まぬけ、
ひょっとこ、なんきん、カボチャ、
土びん、茶ビン、はげ茶ビン。

◇**大阪のからかい歌②**

一も二もない三ピンが、
しりもせんと、ごちゃごちゃと、

ワ(わ)

ろくでもないこと　七面鳥はったろか、
くうたろか、とんでいけー。

割り木　ワリキ　わりき

「正月来たら何食べよ、碁石みたいなアモ（餅）食べて、割木みたいなトトすえて」と言った。割り木とは塩でカチカチに固めた鰯。

わやく　ワヤク

乱暴なことを言うこと。「わやくばっかりいうて困る」

わんわん　ワンワン

高架下の幼児語。わんわんと反響するからか。

ワ（わ）

珍しい河内弁

かぬける カヌケル
裏にひっくり返してある紙を表返しすること。

ご・いっ・けん ゴ・イッ・ケン
ジャンケンポンのかけ声。

テンチャン遊び テンチャンアソビ てんちゃんあそび
河内あたりでのお手玉のこと。

ニッキ にっき
ネンガラ（大阪）、バイタ（兵庫）と同じ。先のとがったエンピツみたいな棒を田んぼに突きさして遊ぶ。相手のニッキを倒したら勝ち。釘さしの原型（五寸釘）。

はねぎ ハネギ
井戸のはねつるべのこと。

びんあげ ビンアゲ
すり鉢の線にそうて一厘銭を中へころがして、下にある一厘銭の上に重なったら、それを取れる。最初はじゃんけんで負けた者から入れる。

大阪弁笑解

この原稿は「JMA Marketing View」という業界紙に二〇〇〇年から連載しはじめたもので、大阪弁をその使い方も兼ねて紹介＝笑解したものです。

第一部「事典にない大阪弁」と一部重なりますが、そのまま記載しています。

あいたらあかん

あいたらあかんと、こう書くと、何や判じ物みたいですなぁ。開いたら開かんと、こう取られそうです。

けど、この場合の「あいたら」は、「飽きる、倦きる」の意味で、あきてしまったらあきまへんでという具合に使うのです。

私が子どもの頃、勉強したふりをして外へ遊びに行こうとすると、母親は「もう勉強に倦いたんか。

そんなに早よ倦たらあかんやないか。もうちょっと勉強してから遊びに行きなはれ」と叱られたもんです。この「あいた」という言い方もすっかりすたれてしまいました。

先日もスナックで「もう酒飲むのもあいた」と言ったら、そこのアルバイト嬢「どっか痛いんですか」と聞き返してきました。

大阪弁も遠くなりにけりでございます。「あ痛っ」

いかれこれ

「ゆうべは酔い過ぎて、終電車に間に合わなんだ。タクシー代使うわ、嫁はんに怒られるわ、いかれこれやがな」てな使い方をするのが、いかれこれ。大阪人だけがわかる言葉です。ダブルパンチというのか、二重三重の不幸に見舞われた時に使います。昔は、いかれころと言うてました。ころっといかれてもたというのが語源かもしれまへんなぁ。いかれの「れ」に引っぱられて「ころ」が「これ」になったんでっしゃろなあ。

二重三重の不幸な目に遭いながらも、そんなに深刻な不幸やなかった時に、ユーモア精神の発露として「いかれこれ」なんでしょうなぁ。言われたこっちも、真面目に同情なんかしませんわなぁ。「アハハハハ。そら、ほんまにいかれこれやなぁ」でおしまい。自分の不幸まで客観視するのが大阪人かもしれません。

第一、この「いかれ」が微妙です。「電車の中で財布いかれてしもた」「お前、大分あの女にいかれてるなぁ」「あそこの親爺、株で財産いかれてもたらしいで」標準語でもあるんですが、大阪人が使うと、軽妙さが出てくるから不思議です。

「彼女にさんざん貢いだのに、他の男と結婚されてしもた。いかれこれやがな」てなことには気をつけましょう。

えろうなんなら

大阪人の口ぐせの一つでっしゃろなあ。「わてなぁ、あそこの医者と友達でんねん。糖尿病の専門家ですわ。えろうなんなら、そこへ行きはったらどないだ。えろうなんなら、わてが紹介しまっせ」

　たった五秒ほどの会話でも、二、三度飛び出すことがある。その返事にまで、「さよか。ほしたら、えろうなんなら紹介してくれまっか」と、えろうなんならが出てきたりする。本人は意識して使うてるわけやない。勝手に口をついて出てくる言葉です。

「エライ、ナンヤケド」このエライは、大変とか、大層などとか、ひどいという意味でっしゃろなあ。このエライがなまってエロー。「エロー待たしてしもて、スンマヘン」下の文言を強調する時の言葉ですな。しかし、その下の「ナンヤケド」がまた中途半端で意味不明。「何ですけど」ですやろうが、相手に勝手に想像させる言葉。

　「えらい、出しゃばったようですけど」「えらい手間かけまっけど」何とでも取れるわけで、これが大阪弁の奥深いところ。

大入袋とおから

文房具屋さんへ行くと、大入袋というのを売っています。それが近頃おかしい。「大入」という文字が赤で印刷してあるのです。昔は黒字で書いたものです。ワッハ上方に収納されている曽我廼家十吾さんの大入り額も黒字で書いてあります。白地に赤は紅白でめでたいというのでデザイナーが考え出したのでしょうが、一昔前の芸人なら怒ったものです。「大入りになっても赤字やなんて、ゲンが悪いやろ。興行は黒字になってこそ、わしらも食えるんや」と言ったのです。

大阪でおから、京で卯の花、東京はきらず。豆腐のしぼりかすだからおから、とは直接的な表現です。まぁ、大阪でもきらずという場合もありますが、東京の方がきらずをよく使います。武家の町ですから、きらずは斬らずに通じるということで、よけいにこの表現が江戸で定着したのでしょうね。

とある楽屋で宴会があった時、ある師匠が若手に酒のあてを買いにやらせたことがありました。その若手は、おからの煮いたんを買うてきました。その師匠が「ゲンクソの悪いもん、買うてくるな」と叱ったら、別の師匠が楽屋の火鉢に鍋を置くと、そのおからを煎り始めました。「おから（空）をばよう煎って、大煎（入）りにするのや」私は大入袋をもらったりすると、この師匠のウイットに富んだ行動を思い出すのです。

大阪弁と首都

大阪が首都やったら大阪弁が共通語になってたはずや、ニュースも大阪弁で読んでた!!　なんてけったいな説があるが、江戸が東京となった時、江戸っ子弁の運命はどうなったであろう。押し寄せる地方からの人と意思の疎通をはかるため、どうしても共通語を作らねばならなかった。

大坂が大阪となって首都となったら、やっぱり同じように共通語を作り出さねばならなかっただろう。アクセントはどうか知らぬが、大部分の大坂ことばは失われ、わかりやすい大阪共通語になっていただろう。そういう意味においても、首都が東京になったことはありがたいことである。大坂ことばがのこされたからである。

しかしテレビに残念ながら壊されてしまってきている。大阪発のドラマの大阪弁は、アクセントばかりに気をとられ、明治、大正、戦前のドラマであるのに、現代の大阪弁がヒョイヒョイと顔を出す。「けぇへん」と「こうへん」が好例である。本章「けぇへん」「こうへん」参照。

猫と大阪弁

大阪人は、猫を使って色々な事柄を表現してきました。でもだんだん使われなくなってきました。ちょっと昔の人は、「わてはネコノフンが好きだんねん」「さよか、わてはイヌノフンの方が好きでっけどなぁ」「もうわて歯ぁ悪うなってイヌノフンは噛みきれまへんよってに、ネコノフンの方がよろしいねん」てなことを言うてました。

共通語にネコババなんて汚い表現がありますが、この場合のネコノフン、イヌノフンはカリントウ菓子のことで、カリントウの小さくて細くて茶色がかっているのが、ネコノフン。大きくてグルっとねじれて黒色の太いのをイヌノフンと言います。(元のお菓子は、はったい粉と飴をねったもの)けど、知らん人が聞いたら、ゲテモン喰いのように思いはるでしょうなぁ。

猫をペットにしてる方も多いかと思います。そんな方はノドをさすってゴロゴロと気持ちよさそうに、音をたてさせています。これを大阪弁では、「ネコが粉オひく」と言いますねん。石臼で粉をひく時ゴロゴロと音がしまっしゃろ。それで粉オひくと言うんですが、転じて遊女がわざとらしく喜ぶ時にも使います。

おくやまくわす

ちょっと古い大阪人が言うてた言葉です。「今日なぁ、道で田中君に会うたんや、いよお、元気かて声かけたのに、おくやまくわして行きやがんねん。ムカッときてなぁ。オイ田中て声かけたら、あんた誰かと人違いしてまへんか、わて中村でんねん、言われてなぁ。えらい恥かいた。そやけど世の中には、よう似た人もいるもんやで」ちゅう使い方をします。

この「おくやま」とは、百人一首の「奥山にもみじ踏み分け鳴く鹿の、声聞くときぞ、秋はかなしき」の奥山です。花札の鹿の絵は、そっぽ向いているところから、無視する、知らん顔をするということです。それやったら若者ことばの「シカトする」と一緒やないか？ その通り。「シカト」も「鹿が花札ではそっぽを向いているから」が語源です。古い言葉と若者ことばの語源が同じというのもおもしろいですね。

しかし、「おくやまくわす」には百人一首の教養が必要ですが、「シカトする」には、その教養はいりません。花札の柄を知っていればいいのです。また、「くわす」という表現には、ムカッ腹が立つにしても、人間の情感がこもっていますけど、「する」には情感がこもらず、何となく「イジメ」のにおいがしまんなぁ。

正月はゲームばっかりで、百人一首も花札もしない当節では、やがて語源すら忘れられるんでしょうなぁ。エッ、ゲーム機相手に一人でどっちもやれる？ さみしいなぁ。わてには古い言葉がええねん。

おけいはんは、まちがいか

大阪のCMはおもしろい。「京阪乗る人、おけいはん」は、私のお気に入りだ。ところが、このCMは間違いだ、と書いてある本に出くわしました。タイトルに「ほんまもん」と書いてあるので買ったのですが、疑問だらけ。おけいはんの項では、語尾が「い」「う」「ん」は、さんであってはんではないと、主張していたのです。これは国語学者の前田勇氏や劇作家の香村菊雄さんが言い出した説。その香村さんだって、自著の中で「御霊神社」に「ごりょうはん」とわざわざルビを打っておられます。

船場大阪を語る会の会長の三島佑一氏に先日会った時、「ごりょんはん」「とうはん」と言いましたでと言っておられました。船場平野町生まれの母も、料理屋の「仲居さん」は「はん」づけで人名でと親しくなった人にも「中井はん」と「はん」づけでした。香村さん自身も、自著の中で「マツイさん」を「マツイはん」と言う場合もあると書いています。

「さん」「はん」は、親しさの度合いでもあるのです。言語の法則は、物理の法則ではないのですから「まぁ大体、こんな傾向でんなぁ」でよろしいのです。それが大阪人の大阪人たるゆえんです。

おけいはん、しゃれが利いていてよろしい。もっとも大阪弁では「おけえはん」になるんです。車掌さんが「毎度、けえはん電車をご利用……」なんて聞くと、大阪人はうれしくなるのです。

おためがよろしゅう

船場生まれの母親は、学生時代に金の無い私に「あんさん、そんな安い物買うてきて、そんなんを安物買いの銭失い、言いまんねんで」とよう文句を言いよりました。

私が「それやったら、もっと小遣いくれたらええがな」と言うと、「へいぜいから、ちゃっちゃと貯めなはれ。安物買いするから、よけ金が貯まりまへんねん」と、逆ネジをくわしよりました。

船場の女は、経済観念がしっかりしてまんねん。安物はもちろん〝やすもん〟と発音します。「言いよりました」とか、「まんねん」すら大阪から消えてしまいそうになってます。

もう一つ、「安物買い」に対して「ため」という言葉があります。丈夫で長持ちをするものに対しての言葉で、前田勇氏の『近世上方語辞典』にも「ためがよい」は「為が良い」として載っています。

昔の船場の商人は、すぐつぶれるもんは客にすすめたりはいたしません。「おためがよろしゅうごわりま」という言葉を使って、客に商品や自ら扱っている品物をすすめたもんです。

この商品の方が、お客さんのためにもなる。そんな気持ちで「おためがよろしゅうごわりま」と、使ったんでしょうなぁ。

かたくま

岸和田で有名なのが、例の「だんじり祭」この祭りを、デザイナーの故小篠綾子女史の家で見物させてもらっていました。

小篠さんの娘さんで、世界的なファッションデザイナーのコシノヒロコさんに「昔は、見物人もこんなに多うなかったですなぁ。私が堺から電車に乗って子どもの頃も、父親が〝かたくま〟してくれたら、十分に見えましたで」と言うと、「それって、〝カタコマ〟って言わへんかった？　うちら岸和田ではカタコマて言うてたように思うけど」と、ヒロコさん。

すると、隣の京都から来た人が「肩車の略やから〝カタクマ〟と言うたんでっしゃろなぁ」「違う、違う」とヒロコさん。「肩車の略やのうて、肩駒やからカタコマや。カタコマが訛ってカタクマや。きっと、そうや」それからは、みな酒が入っていることも手伝い、「ほな、チチクマとも言うけど、このチチクマは何やねん」「そら、お父さんがだいたい肩に担ぐからやろ。父駒やで」とまあ、かたくま論争になりました。

家に帰って、前田勇氏の『近世上方語辞典』で確かめると、「かたくまは、肩駒の訛り」とありました。近松や西鶴の作品には、すでにかたくまが出ているそうです。岸和田という田舎やから、古い言い方がそのまま残ったんやろうと、船場生まれの母を持つ私は、そう思っています。

かんてきもん

テレビのバラエティ番組を見ていると、腹が立ってくることがあります。それは寄席芸界の隠語を、若手の漫才師が平気で使っていることです。

「マジ」これはもう一般の人も使っている典型例で、「ホンマでっか」の意味です。「マジっすか」なんて聞くと、不愉快でたまりません。「タレ」これは女性。「ロセン」は男性。

こないだはある漫才師が「もうタレかいたの」と言っていました。これには腹立ちを通り越してあきれ返ってしまいました。

「キレる」これも一般的になりました。すぐ逆上する人間のことです。

私が寄席芸界に入った頃、かれこれ四十年前ですが、今の西川のりおさんが「あいつ、頭の線がすぐ切れまんねん。プッツンですわ」と言っていたのが元です。それがだんだん広まり、今や「マジギレ」「逆ギレ」までマスコミが言い出す始末。大阪弁では「かんてきもん」というええ言葉がおますなぁ。かんてき、七厘ですが、火がすぐおこるから、そのおこると怒るのをかけてのしゃれでっけど、「線キレ」「マジギレ」より、しゃれっけがあってよろしいなぁ。かんてきもん!! 「ええっ? そんなん今はだれもわからん?」わからんかったら、楽屋の隠語に使います。

けぇへんとこうへん

相手が待ち合わせに「来ない」ことを、大阪人は「あいつまだ、けぇへん!! どないなってんねやろ」と言います。

つまり「来ない」は「けぇへん」と発音していたのです。それに対し、神戸では「こうへん」と発音していました。大阪人と神戸人を見分ける指標の一つだったのです。ところが最近、若手の漫才師と話をしていて驚きました。「こうへん」と言ってましたので「君は神戸か」と聞きますと「いいえ、住吉です」「神戸の住吉か」と聞くと「いいえ、大阪の住吉です」と言う。「あんなあ、大阪人はけぇへん、神戸人はこうへんて言うねん」と言うと「あのう、僕らは大体、こうへんと言います」との返事。なんと大阪弁が勢力を拡大していると思いきや、神戸弁が大阪に勢力を拡大し、若者の間では「けぇへん」が消滅の危機にさらされているのです。うそだと思うなら、まわりの若者の言葉に耳をすませてください。もっとも「きぃへん」という言い方も存在しますが、これは京都あたりの「きぃしませんのどす」が進出してきたと私はにらんでいます。油断してると、神戸の「こうへん」と京都の「きぃへん」に大阪弁がやられてしまうのではと、心配で心配で夜も眠れません。もっとも「消えへん」も「けぇへん」も「けぇへん」、「着もせん」も「けぇへん」、けぇへんが三つも四つもあるのもややこしいですな。

標準語の「来ない」と大阪弁の「へん」の合成語説もおまっけど、どちらにしても大阪弁の「けぇへん」は死語になりつつあります。「こうへん」は平成の大阪弁でしょうね。

けんざりとじぼたれる

新古品という、けったいな言葉があります。プレゼントで貰った品を質屋さんに持っていって、金に換える女の子が多いそうです。中には同じ品物を二人の男に要求して、さらっぴんの一つを質屋さんに持ちこむんやそうで、これらを質流れ市と称して、百貨店で堂々と売っています。さらっぴんやけど人の手を経ているので、中古品に対して新古品と言うんやそうです。この新古品にあたる言葉が「けんざり」でおます。

「この品物はええ品物でごわりまっせ」「さいでんな。けど値段がえろう安いな」「新品同様でっしゃろ。けど、一、二回着てはりましてな。そやけど、色もあせてしまへん。けんざりしてます」てな言い方をしますんやなぁ。古いんですが保存状態がよくて新品同様のものを指して言うたりします。

逆の言葉を考えてみましたが、じぼたれるかなぁと思います。「これ新品か」「そうでっけど」「そうでっけどと言うけれど、えらいじぼたれてるがな」じじむさい、貧乏くさいというような意味あいも含まれています。

ところが、このじじむさいさえが死語になってしもてるんです。なんとのう、うすぎたなくて垢抜けせんことを言うんです。語源は爺むさいでっしゃろか。婆むさいとは言いません。「けんざり」は「現在」からでしょうか、「じぼたれる」は「潮たれる」からでしょうね。

こころ悪る

　心地よくない、心地悪いが縮まったのでしょう。気持ち悪いが今では、キモイ。

　しかし、キモイではキモチイイのか、キモチワルイのどっちが縮まったのか、そのうちわからなくなるでしょうなぁ。せめて原点の「悪い」ぐらいは残してほしいものです。

　この、こころ悪るも最近では死語となってしまいました。若者が、こころ悪るという言葉を使っているのを聞いたことがありません。

　例えば「えらい汗かいて、背中がびしょこになったがな」「こころわるいこってっしゃろ、早よシャツ着替えなはれ」「ほんまや、ああ、こころわる」と使います。しかし、この言葉を知らん人にとっては、心悪い？　ハハーン、悪人のことやな、悪い心を持ってる人やな、と思い込みかねません。心と気持ち、これを同義として使っていたのが、いつの間にか心と気持ちがバラバラになってしまいました。エッ、背中がびしょこって何？　大阪人はびしょ濡れになった時に、使用するんですなぁ。

　おしろいを下手に塗って、まだらになった状態を「まあ、あの娘はん、おしろいまんだらこに塗って、鏡ないんかいな」と言ったりします。近頃は、スプレー式のファンデーションも出てきたので、まんだらこも死語になるでしょうなぁ。泥ンこはまだ大丈夫ですが、泥ンこになって遊んでいる子は、ほとんど見かけなくなりました。こんな世の中、アーこころ悪る。

こんこんさん

最近まで「素浪人月影兵庫」という時代劇がありました。この月影兵庫の好物が「きつねうどん」でした。

これの大きな間違いは、きつねうどんは、江戸時代にはなかったということです。このきつねうどんは、南船場にある松葉家の創業者、宇佐美要太郎さんが明治二十六年に開業した時に考案したのです。おあげさんは、陰陽・あうんとひっかけて二枚入ってないと、ほんまのきつねうどんではないのです。大きな一枚ではなく、小さいのを二枚ですぞ。

船場生まれの母は、きつねうどんと言わず、こんこんさんと言うてました。幼児言葉かいなあと二代目の辰一氏に聞いたら、船場の人はそう言うてはりましたとの返事が返ってきましたから、親しみを込めて大人も子どももこんこんさんと言うて注文してたんでっしゃろなぁ。その母はいつも「ケツネウロン」という言い方には腹を立ててましたなぁ。下品やし、第一そんな言い方はせえしまへんとね。下品かどうかはさておいて、悪ふざけで言うてはるようで、語感としてもよくありません。大阪近郊の言い方でしょうな。こんこんさん、ええひびきですなぁ。

松葉家も「うさみ亭マツバヤ」と店名が変わりましたが、三代目芳宏さんがこんこんさんを守ってくれています。

シマ

旧の毎日新聞社は、堂島にありましたので、北の新地に飲みに行く時は、タクシーに「毎日新聞の前」なんて行き先の告げ方をしました。この堂島を大阪人は略して、「シマ」と言ってました。堂島に米相場があったので、米のことも「シマ」と言うようになりました。さらにこれが、ご飯にも用いられるようになり、スキ焼き屋さんなんかで、「姉さん、シマ持ってきて」なんて、古い人が言うてたのを記憶しています。先日、立派なスキ焼き屋さんに接待してもらいましたので、わざとこの隠語を使いましたが、通じませんでした。

天五の方のうなぎ屋さんでは、「シマ一丁」という使い方をしてはります。けど、このあたりは大阪人の常識です。「シマにしょうか、うどんにしょうか」と言ったときは、この「シマ」はおそばのことです。これはそばを切ったときの縞模様から来た言葉です。では、「シマへ遊びに行く」はどうでしょう。これは江戸で言う「岡場所」のことで、大阪は、新町が公許の場所ですので、「くるわ」ですが、その他はすべて「シマ」と言いました。

遊び所の「島の内」から来たのか「堂島新地」から来たのか、はたまた、ぽっかりと浮かんだ特定の地域だからなのか、語源は今となっては、さっぱりわかりませんが、「シマ」一語にも、いろいろと意味があり、大阪人はそれを使い分け、そして聞き分けていたんですなぁ。

島之内の大阪弁

「うちそんなんいややし。うち船場のええしの子やし」というセリフをテレビドラマで聞いたことがありました。ええしとは、良家とか金持ちの家という意味です。「あいつ、ええしのぼんぼんやから、ええ車持っとるわ」なんて使い方をします。では、このセリフは正しいのでしょうか、間違っているのでしょうか。実は、間違っています。

語尾を少しあげ気味に「やし」で切る言い方は、島之内やミナミの花街（はなまちと読まないでくださいい。かがいです）の女性が言う言い方です。船場では使わない言葉どころか、船場で使おうものなら大目玉をくらったものです。

ところが、大阪弁はむつかしい。同じ「やし」でも、「今日は雨やし、出掛けんのんやめとこか」の「やし」は、「雨だから」の意味です。「ええしの子やし、顔もええし」の時は、「その上、さらに」とかの意味になるのです。

船場で「それ取っとくれやす」は、島之内では、「それ取っとう」冒頭のセリフは、「わたいそんなんいややわ。わたいは船場のええしの子やもん」と、船場では言うことでしょう。同じ大阪弁でも、どこか微妙に違うのです。

かつて、浪花千栄子さんという、大阪弁の上手な女優さんがいてました。彼女の大阪弁は、どちらかというと、島之内の言葉でした。今は島之内も船場も、同じになりましたなぁ。

じゃんけん（1）

この頃は、じゃんけんの掛け声も「最初はグー」が全国的な標準となりました。出所は、ザ・ドリフターズの「八時だヨ！　全員集合」だそうです。それまでの大阪の子どもは、何と言ってたかと申しますと、これが汚い。「じゃらけつ、おけつで、アイスクリンでホイ。あいこでホイ……」と言っていました。

その他にもじゃんけんと言わずに、「リンジャンホイ」「インジャンホイ」とも言うてました。

大正生まれの母は、せっせっせという遊びの中で「一かけ、二かけて、三かけて、四かけて、五かけて、橋をかけ、橋のらんかん、腰をかけ、はるか向こうを眺むれば、十七、八の姉さんが、花と線香手に持って、姉さん、姉さんどこ行くの、私は九州鹿児島の、西郷隆盛娘です。明治十年戦争で、切腹なされし父上の、お墓まいりに参ります。お墓の前で手を合わせ、南無阿弥陀仏と拝みます。拝んだ後から幽霊が、ふうわり、ふうわりとじゃんけんぽん」という歌を唄ったと、教えてくれました。

よっぽど「じゃらけつ、おけつ」が気に入らなかったんでしょうね。でも、これは当然でしょうが、男の子はこんな時、「あたりき、しゃりき、けつの穴、ぶりき」とにくまれ口をたたいてました。

じゃんけん（2）

藤山直美さん主演の「道頓堀ものがたり」というお芝居を見ていましたら、とある俳優さんが大きく掌を広げました。その掌には、血がベットリ。その俳優さん「パァやのにチィや」とのセリフを言いました。客席はどっと大受け。

その俳優さんのアドリブだったのかもしれませんが、東京では受けないでしょうね。

大阪では、ジャンケンのチョキをチィと言うのです。大阪人が「チィ出して負けたがな」と言うと、東京やその他の地域の人は「えっ、ケンカでもしたの。血を出して負けたんでしょう」と誤解なさることでしょう。

私たちの小さい頃は、グチパ戦争という遊びがありました。ジャンケン版のアッチ向いてホイみたいなもんで、相手の出したものにつられて出したら負けなのです。

「軍艦、軍艦、破裂」「破裂、破裂、沈没」とそれぞれのグーチィーパァを、軍艦、沈没、破裂になぞらえていたのです。もうこんな遊びはすたれたのかと思っていたら、まだ健在でした。

先日、子どもたちが公園で「キャベツ、キャベツ、ハクサイ」「ハクサイ、ハクサイ、ニンジン」とやってました。こっちの方が平和でよろしいですね。

十分と十手

だいぶ以前に、新聞の投書欄で「子どもが十分に、じゅっぷんとルビをふったらペケ（×）と先生に言われました。じっぷんが正しいとのことですが、本当なのでしょうか」という投書を見ました。

大阪人なら十分は「じゅっぷん」、十手は「じゅって」と言います。投書のお母さんも大阪の方でした。なぜ、じっぷんやじってが正しいのか、ここには、大阪人の悔しい思いがこもっているのです。金田一春彦先生の『ホンモノの日本語を話していますか？』（角川ONEテーマ）の中に、大阪人の悔しい思いの答が載っています。

「昔、NHKのアナウンサーで、早口言葉の名人といわれた志村という人がいた。何でも簡単に言ってのけてしまう。ところがただ一つ『手術室中探す』だけは言えなかった。名人でさえできないというので『シとシュ』『ジとジュ』の区別は、東京の放送局ではやかましく言わなくなった」そうなんです。大阪人は新宿はしんじゅく。春分の日はしゅんぶんの日と、何でもなく言えるのです。東京人は、しんじく、しんぶんの日と発音する人が多い。

じっぷんもじっても、発音できなかった江戸っ子や東京人が、勝手に正しいと決めただけのこと。大阪が首都だったら「じゅっぷん」と「じゅって」が正しいということになっていたでしょう。

東京人と大阪人を見分けるコツは「手術室中探す」と言わせること。

小路の発音

東京や京都の人は、小路と書けばコオジと発音するでしょう。でも大阪人は、これをショウジと発音致します。上野にあるのが広小路、京都にあるのが油小路や花見小路、全てコオジであります。大阪は森小路をはじめ、ショウジです。

京都弁と大阪弁は共通している部分が多いのですが、小路の発音で京都人と大阪人は区別がつきます。意味は、コオでもショウでも、道幅の狭い通路です。路地に近い意味ですが、もう少し広いイメージがあります。路地はロオジと発音致します。路地より少し広いのが小路、それより広いのが広小路。この広小路だけは、大阪でもヒロコオジと発音します。

しかし、堺市では広小路やのうて、もう一つ別の呼び名がございます。これが大小路。こっちは、オオショウジと発音。意味は同じですけど、どっちも字面は大変矛盾しとります。広い小路、大きな小山みたいで、ちょっと言葉遊び的おもしろさもあります。

ちなみに、法善寺横町は極楽小路と言うてたそうです。それを作家の長谷川幸延氏が、命名したんだそうですが、大阪に本来は横丁はありません。横丁と書いて横町なのです。作家もええ加減でんなぁ。北の新地をキタシンチと書いてはる作詞家も多いでんなぁ。この本で勉強しなはれや……。

京阪は「森小路」地下鉄は「小路」ですが、それにしても北には「梅三コオジ」船場には「女将さんコオジ」とは恐れ入る。

しわんぼの柿の種

本来柿がおいしい季節といえば秋です。今は保存技術が発達して、年柄年中食べられるようになったようです。もっとも冬みかんを夏に食べて、夏みかんを冬に食べるのは、逆に季節感がなくて、おいしいものもおいしく感じません。

今回の大阪弁笑解は「しわんぼの柿の種」「しわんぼ」というのは「けちんぼう」のこと、「吝い坊」と書いて「しわいぼう」なんでしょうなぁ。そこへ柿の種が付いてくる。柿の種はほかします。つまり、いらんもんです。しかし、けちな輩はその柿の種さえ人にやらんのです。物惜しみのひどい人のことを、「しわんぼの柿の種」と表現します。

なかには、わての聞いたのは「しわんぼの柿のへた」やでと言う人もいてまっしゃろなぁ。出所は大阪のいろはガルタの「し」の項にある文句で、「柿の核」と言う人もいます。

「あいつ、ほんまにしわんぼの柿の種やで」「そやけど、新地の芸妓にはつぎ込んでるらしいで」、「傾城買いのぬかみそ汁ゃな」

一方でぜえたくしながら、片一方でけちるだけけちな人のことで、傾城は本当は「けいせい」ですが、大阪弁では「けえせえ」と発音します。

あんまりけちやと、商売の形勢も不利になりまっせ。

すっくり

近頃聞かなくなった大阪弁に「すっくり」というのがあります。「あんたとこ、泥棒に入られたんやて」「そうやねん。それがこのごろの泥棒は品物はとれへんねんなぁ。現金だけすっくり持っていきよったわ」

この時のすっくりは、根こそぎ、何もかもすべてという意味。

「どうやねん、あんたとこの会社。倒産寸前虫の息ちゅう噂(うわさ)がたってたけど」「おかげさんでなぁ。ロシアから大量注文があって、銀行の借り入れができて、すっくりいってるねん。おおきに」この場合のすっくりは、順調にという意味で、物事がうまくいってる時に使いまんなぁ。

「あんた、大病患うてたんやて。なんで言うてくれへんねん。見舞いに行ったのに」「もう見舞客の応対がうっとうしいから、嫁はんにも口止めしてたんや。おかげさんで手術も成功して、体じゅう悪いとこなし。すっくりしたわ」これは、スッキリという程度のニュアンス。恐らく、すっかり、すっきり、そっくりがすべて訛って一語のすっくりに集約されたんでしょうが、これは長いこと大阪に住んでんと、わからんニュアンスでしょうなぁ。

エエッ、文章で説明されても、すっくりせん。エート、この場合のすっくりは、どんなニュアンスですかいなぁ……？

そんじょそこら

「俺とこの嫁はん、そんじょそこらの嫁はんと違うで、ええしの出ぇや」「ほんまかいな」「そうや、みやさんの出ぇや」「ええ、宮さんの出ぇか」「そうや、畳屋さんの出ぇや」なんちゅう漫才がありましたが、この「そんじょそこら」ちゅう大阪弁も、若い人が使わなくなりました。おもしろい大阪弁ですのになぁ。

牧村史陽さんの『大阪ことば事典』には「ソンジョソコラ……そこら。ソンジョは其所であろう」としていますが、私には古語の「其の定」ソノジャウの方が、語源としてはピッタリと思います。其の定は、その、それ、そこなどの言葉の上にくっつけて、色々な事柄を指示する語ですから……。少しなまって、そんじょそこいらと言ったりします。

河内あたりでは「そんじょさんへお参りに行ったんけ。盆やから行っとかなあかんぞ」という言い方があります。このそんじょさんは、尊霊さんでしょうなぁ。ご先祖さんを大切にする「そんじょ」でっしゃろなぁ。同じ発音の「そんじょ」でも、色々な意味があります。

このコーナーどないだ。「そんじょそこら」の大阪弁の解説とちがいまっしゃろ!!

チャチャくる

チャチャくるという言葉も、なつかしい大阪弁です。切りチャチャくるとか、踏みチャチャチャくるとか、上の動詞を強調する場合に使います。船場生まれの母親は、こんな時に使っていました。「犬が庭でほたえて、せっかく咲いていた花を踏みチャチャくりして……」「あの人、若いころは癇性(かんしょう)病みで、ちょっと気に入らんことがあったりすると、紙でも布でもはさみで切りチャチャチャくりしていたそうでっせ」

まあ、踏んで踏んで踏みたくった様子とか、切り刻んで切りたくった様子を、よく言い表しているというか、実感の湧く言葉であります。

語源はというと、これはあまり自信はありませんが、無茶苦茶するのをチャッチャッムチャクチャと言いますから、無茶苦茶からきているのではないでしょうか。

このチャチャチャくるですが、踏みチャチャチャくりと切りチャチャチャくり以外、あんまり使いません。どつきチャチャチャくり、しゃべりチャチャくりと言うたら、「そら、無茶苦茶でっせ」と言われますから、ご注意ください。

通天閣の歌

静岡県のコマーシャルで、オレオレ詐欺にひっかからないようにと、大阪の女性を使用したのがあった。「きたない大阪弁や」と酷評もあったが、私に言わせれば、あの言葉は泉州弁であり、大阪弁ではないので、酷評する方がおかしい。大阪弁の不幸は、摂津、河内、和泉の三つの言葉に分かれているのに、大阪弁という一つのイメージに集約されているところにあると思っている。

さて、とある夕刊紙に通天閣の歌というのが、昔あったと紹介されていた。どうも私と記憶が違う。いきなり「通天閣は高い」で始まっている。これは牧村史陽さんの「大阪ことば事典」からとったな、と思って調べてみたら案の定であった。

では正調？の通天閣の歌をご紹介しよう。「おかあちゃんダイヤモンド買うて」と、しりとり歌の最初を切り出したあと、「ダイヤモンド高い、高いは通天閣、通天閣はこわい、こわいはゆうれん（幽霊）、ゆうれんは青い、青いは坊さん（ぼんさん）、坊さんは滑る、滑るは氷、氷は白い、白いは兎、兎は走る、走るは別当、別当はえらい（しんどいの意）、えらいは学者、学者はでける、でけるはデンボ（出来物のこと）、デンボはうつる、うつるは鏡、鏡はわれる、われらは日本男児なり」

紙面ですので、節をご紹介できないのは残念でありますし、ませたガキ（私ではありません）は、これをワイセツな文句に替えて、風呂屋で歌うてましたなぁ。これは個人レッスンにて……。

つんけん

船場大阪を語る会の会長で、道修町生まれの三島佑一さんと話をしていた時のことです。

三島さんが口火を切り「大阪弁研究家の前田勇さんの、語尾に『い・う・ん』がつく言葉には必ず『さん』となり、『はん』とは言わんという説は間違いだっせ。わてら、ごりょんはんと言うてましたもん」「そうそう、大阪講談にも、将軍はんと言うて大名をびっくりさせるシーンがありますもん。第一うちの母親は船場の平野町の出ぇですけど『あそこの料亭の仲居はん、つんけん、つんけんしてて嫌いや』と、よう言うてました」と私。すると、三島さんが「ウワーっ、憧かしいなあ。久しぶりに聞いたなぁ。つんけんなんて言葉」と、びっくりしはりました。

私は何げなしに使うたんですけど、「つんけん」は死語の世界に入ったようです。語源は恐らく「つっけんどん」なんでっしゃろなぁ。「あいつ虫の居所が悪いのか、今日は無愛想で、つんけんつんけんしくさって」「夫婦ゲンカしょったからや」てな使い方を致します。

ツンデレとかツンツンは若い人達も使うようです。

ツンツンは高飛車でお高くとまっている時に使いますが、つんけんはここに無愛想さが加わるニュアンスですなぁ。「商売人はつんけんしたらあきまへんで」とは母の言葉。何にでも適用しそうです。

テッカリ

数年前、大阪市西成区飛田本通にある知人の寿司屋さんで、寿司をつまんでいると、隣のおっちゃんが、知人に「テッカリ貸して」と言ったのです。知人はカウンターのライターを取ると、ごく当たり前のように「ハイッ」と言って手渡しました。

私は聞いたことがないので、手帳に「テッカリ、ライター」と書き込みました。語源は「手灯り」がなまったものだろうと考えましたが、出所を辞書で調べてもわかりませんでした。しかし、つい最近わかりました。「堺旧市の懐旧—風物大道物売記」（山中金治著、私家版、一九七五年）に「夜店の燈りは、香具師仲間では（テッカリ）と呼ばれている」とあるのです。

著者の説明によると、アセチリン瓦斯、いわゆるカーバイトのことで、夜店を楽しんできた人々には、青白く輝く特有の臭みを漂わせたカーバイトは懐かしい、とありました。アセチレンでないのもうれしい。夏です。祭りには夜店が並びます。電灯が自家発電機で、あかあかと灯っています。私の小さいころにはまだカーバイトがありました。皆さんはどうですか？

「テッカリ」という言葉、死語と思っていたのが、大阪の片隅で生きていました。

大阪弁かどうか疑問ですが、どこかに残しておきたい思いで書きました。

ドドンパと、いろいろあった大阪締め

ＮＨＫの大河ドラマ「新選組！」で、北の新地を「きたしんち」と発音。これを乱発したとあって、とある週刊誌がコメントを求めてきました。ええ加減な駅名のつけ方が、地名という文化を破壊してしまったんですね。司馬遼太郎さんの作品に『芹沢鴨の暗殺』があります。その一節に「川もつまらん。北陽の新地へ……」があります。わざわざ「北陽」に「きた」とルビを打ち、きたの新地となさっているのにねぇ。大阪人として、情けないですなぁ。

さてそれはさておき、七月となると大阪は夏祭り、天神祭の季節です。この天神祭での手締めは「うちまーしょ、チョンチョン、もひとつせぇ、チョンチョン、祝おうて三度、チョチチョン」です。ところが、このチョチチョンがチョンがうまくいかない。手がバラバラになるのです。

そんな中で、私は大発見したのです。大阪のジャズバンド「アロージャズオーケストラ」の面々が創作した、大阪発のラテンのリズム「ドドンパ」と「チョチチョンがチョン」とが酷似していることを。ひょっとしたら、大阪のジャズメンは、大阪締めを知ってて、これをリズムに取り入れたのかも。

大阪人は、ラテン系の陽気さがあるといわれています。ドドンパと大阪締め、ドドンパを歌っている氷川きよしに会うたら、教えてやろうかと思っています。しかし、この説、あくまでも笑解の域を出ていませんので、ご理解を。

ついでに大阪締めですが、天神祭の時は「うちまーしょ」と「ま」

で伸ばす男締め。一般的なものは花柳界の芸妓さんや芸能界から始まって「うーちましょ」あるいは「うーちまひょ」と「う」で伸ばす女締め。

そして「うーちましょチョンチョンもひとつせえチョンチョン祝おうて三度」の三度目を「チョンチョンチョン」と三度打ち、続いて「めでたいなチョーンチョン」「本決まりチョーンチョン」という生國魂締め（船場締め）。

住吉あたりでは「よーいとせえのチョンチョンチョンよーいとせえのチョンチョンチョンよーいとせえのチョンチョンチョン」とやります。

生國魂締めの三番目の「チョンチョンチョン」で切る地域もあります。

このあたりがオーソドックスな大阪締めです。

南都雄二さんの芸名の由来

ミヤコ蝶々さんの相方といえば、南都雄二さん。大阪人なら男前の雄さんというキャッチフレーズも懐かしいはず。さて南都雄二さん、蝶々さんと組んだ時は、ミヤコ蝶々に対して村野とんぼ、すぐさま上方とんぼとしたが、どうも気に入らない。そこで、蝶々さんが字がわからなくて、「なんという字」と聞くことが多いので、南都雄二になったとか……。この話は蝶々さんの自伝にも書いてあるから、皆がそう信じている。しかし、筆者は喜味こいし師匠との対談で芸名の真相を聞いている。

「あれは、うちの兄貴のいとしがつけたんや。とんぼが田舎くさい芸名でいやや言うてきたんや」「へーエ、自分でつけたんと違うんですか」「そうや。兄貴が俺の夢路いとしは、女優の月丘夢路さんからや、お前誰か好きな俳優はおらんのかと聞いたら、堀雄二が好きやと言う。下はそれで決まりや」「そしたら、上は」「つまり、都は京都だけやない。奈良は南都や。そこで蝶々さんにつりあうように、兄貴が南都を考え出したんや。けど、蝶々さんの気持ちを害さんように言わんといかん。何や対抗しとるのかと取られたらあかん。そこで、蝶々さんが、よう字の読み方を聞くからとこじつけたんや」蝶々さんも真相を知らずに死にましたが、天国で笑うていることでしょう。この対談のビデオテープはワッハ上方に保存されています。

堀雄二さんは確か東宝の下ぶくれの俳優さんと記憶していますす。蝶々さんに対する微妙な対抗意識が感じとれる芸名ですなぁ。

肉まんと豚まん

コンビニの前を通った時のこと、「肉マンあります」と書いてありました。私は漫画「キン肉マン」の「キン」の字が抜け落ちているものだと思っていました。ところが息子に聞くと「肉マン」というのは「豚マン」のことだったのです。ヒェーッ驚いた。

大阪で「肉」と言えば牛肉のことなんです。肉ウドンと言えば牛肉が入っているのです。肉じゃがと言えば、牛肉を使っているのです。ところが、関東で肉じゃがと言えば、豚肉なんですね。先日料理番組で発見致しました。（わざとらしいなぁ……）

豚肉を使っていて、肉マン、肉じゃがと言われると、大阪人はインチキをされているような気分に襲われるのです。大阪人は、「わし等は、牛肉しか肉と言わんのや、値の安い豚肉を使う時には、豚とはっきり言うんや、それがルールや」と思っているのです。私は「豚マンのある時、ワッハハハ。豚マンのない時、シューン」というコマーシャルが大好きです。このコマーシャルを見ていると、大阪は豚マンやで、肉マンと違うんやでと心の中で叫んでしまうのです。肉マンは買いません。大阪人の心をリサーチしていない企業に、おいしいものが作れるのか、という思いがあるからです。実際は、おいしいのかもしれませんが、羊頭狗肉とはこのことやでと思っているのです。

大阪は、豚マンが似合うのです。頑張れ!! 豚マン。豚マンは中国語の饅頭に豚を付けて豚マンになったとか。

にぬきとなたね

近頃聞かれなくなった大阪弁です。にぬきというのは、ゆで卵のことです。恐らく煮抜きから来た言葉なんでしょうね。煮抜きですから、固ゆでが原則ですが、半熟も当然あるわけです。

先日、ラーメン屋に入りましたら「煮たまごです」という返事。食べてみたら、何やら味がついていました。まあ、関東煮き(おでん)のたまごと大して変わりありませんでした。大阪人もこれから「煮抜き」と「煮たまご」と区別せんとあかんのかいなぁ……と思っていたら、別のラーメン屋さんでは、単なるゆでたまごを「煮たまご」と言うてました。根本の煮抜きの意味がわからんから、こんな混同が起きるんでしょうなぁ。

なたねは、菜種の花からの連想で、私はこのネーミングが大好きです。煎りたまごのことですが、やっぱり大阪人の感性が生かされていて、なたねがいいと思います。

とあるホテルで、朝食の注文をフロントで聞かれました。

「卵はボイルがよろしいですか、スクランブルがよろしいですか」

「なたねが好きやねん。にぬきはええわ」と言うと、フロントの男が「僕も大阪ですねん」

急に大阪弁になったのが、妙にうれしかったのを覚えています。

ヌケソかます

学生時代授業をさぼるために、教室をソッと抜け出した覚えのある人も多いかと思います。「エスケープするから、代返たのむ」なんてことを級友に言ったかと思います。

このエスケープに近い用法が大阪弁では「ヌケソかますから、代返たのむわ」とこう言います。

ヌケソは漢字で書くと「抜けそ」でしょうね。途中でソッと抜け出すことが、最も多く使われますが、無断で逃げ出した時も使います。「あいつ借金踏み倒して夜逃げしゃがってなあ」「ヌケソかまんて最低やないか。わしも百万円貸してんねん」なんて使い方ですね。約束をすっぽかした時にも「あいつと今度、料亭で遊ぼいうて日時まで約束したのに、ヌケソしゃがって」「そないに怒るな。あいつ商売左前で金ないねん」という会話がこれにあたります。ヌケソケとも言ったりします。抜けてそける（それる、さける）から抜けそけ、さらに縮まって、ヌケソなんでしょう。

ある大物演歌歌手は、ものすごいケチで、皆で飲食をしたあと支払いの時には、居ないそうです。「ようけ儲けてるのに、あの歌手、ヌケソしゃがって」今は亡き五代目文枝師匠に聞いたのが、ヌケソの最後でした。

はしもばしもある

NHKの「歴史秘話ヒストリア」を見ていたら、ナレーターが「この屏風には、住吉の反りばしも描かれています」と言うてはりました。また、毎日放送の深夜のパワースポットを見てまわる番組では、わざわざ「反り橋」に「そりばし」と字幕スーパーにルビを打って放送してはりました。そりはしでっせ。なんでこんな間違いが起きるんやろかと、考えてみた結果、大阪人のナゾナゾ遊びにたどりついたのです。

「大阪に橋(はし)はいくつある?」

「八百八橋やから、八百八や」「残念でした。橋(はし)は一つもありません、全部、ばしや。心斎橋、戎橋、天神橋、みな、ばしや」という他愛もない答。これにNHKも毎日放送もひきずられたんでっしゃろなぁ。

しかし、はしもおますんやで、住吉さんのはそりはし、高津さんには、うめのはし、大阪城のお堀には、新しぎのはし。日本一古い橋の名が大阪におます。日本書紀に載ってる猪甘津橋(いかいつのはし)。これのあとが鶴橋(つるはし)。昭和十五年までありました。

あったといえば永代浜の堀割には、なかのはし、かみのはし。その他、○○大橋とあるのは、○○おおはし。わてにナゾナゾは通用しまへんねん。

また、放送する時は、はしばしまで気ィつけておくんなはれや。

ばんばとおがくず

昔は、建築現場で大工さんが、かんなで木を削っている光景をよく見かけたものです。今は、どこかで削ってくるのか、現場では材木を組み立てるだけのようです。かんなで削った木くずを、ばんばと言います。板をスーッと削って紙のようになって、かんなから飛び出すばんばを大工さんからもらったもんです。

エッ何にするのか？　かんてきにほうりこんで、火種にするんです。

京都では、ばんばは木の葉、それも落ち葉のことを指すようです。京都では、爺も婆も、山へばんばひろいなんて、妙なダジャレの一つも、口をついて出てきます。

同じ木のくずでもノコギリでひいたくずは、おがくずと言います。恐らく大鋸屑からの変化でしょう。大鋸とは、おおがかり、つまり大きなノコギリでんなぁ。

このおがくずで、ことわざが一つ出来ていますが、こんなことわざは、もう誰も言わんようになりましたなぁ。「おがくずも、言えば言う」これは何の役にも立たんおがくずでも、理屈をつければ、役立つものやと言いたてることが出来るという意味です。何の役にも立たへなんだでしょうが、今や茸の栽培やら、固くかためて炭の代用品にしたり、おがくずは有用品です。有用になったから、このことわざは無用になったんですやろか。

ふたと箱

箱の上にかぶせるのがふたです。何を当たり前のことを言ってるのだと、不思議に思われますでしょう。しかし、ふたも箱になるのです。一番よい例が、表彰状を入れたりする、黒塗りのお盆のようなもの。あれは広蓋と言います。

高貴な人が、衣服を下賜したりする時、衣装箱の蓋にのせたことから、広蓋と言うようになったとか。

ところで、モチを入れる箱、あれを何て言うかご存じですか。私たちの周辺から急速に、生活に密着した大阪弁がなくなってしまっています。昭和四十年代まで、普通に家の中に存在していたモチ箱です。答えの一つは「もろ蓋」です。モチ蓋ではありません。

もう一つは「こじ蓋」または「こうじ蓋」大阪弁は、うを発音しません。落語家の「笑福亭松鶴」も、「しょうかく」ではなく、「しょかく」と発音します。「しょふくてい」と言わないところが、大阪弁のオモシロイところです。でも、この「もろ蓋」も「こじ蓋」も、大阪弁を扱った辞典には載っていません。『広辞苑』にも当然載ってません。

「こじ蓋」はなんとなく、こうじを入れていたからと想像がつくんですが、「もろ蓋」はわかりません。「諸白」のお酒をつくる時に、こうじを入れたのかなと思ったり、「諸々」のものを入れたからなのかな、もろみを入れたからかな、と想像したりしています。「ふた」と「箱」もおもしろい関係ですなあ。

ほどらい

ほどらいは「程らい」なんでしょうね。もうこれも、私たちより下の人、昭和三十年代以下は使わないでしょう。

ある老芸人さんが、若手に向かって「舞台でほどらいな事をするな」と怒ってはりましたが、若手の方はその意味が分からず、キョトンとしてました。

そのキョトンぶりを見て、その老芸人さんはますます怒り「お前等は、先輩をなめとんのか」と大声を出しました。

私はほどらいの意味が理解できていないなあと思ったので「君等なあ、舞台でほどらいな事するなちゅうのは、ええ加減なことするなちゅうことや」と言うてやったら、若手はやっと意味が分かったようでしたが、老芸人さんは気抜けした顔をして「もう怒る気になれん。大阪弁に通訳がいる時代か」とぼやいてはりました。

「きっちり寸法は決めいでええ、ほどらいにはかっといて」というような言い方もします。ええ加減とか適当とかいう意味に用います。ええっ何です、冒頭の昭和三十年代以下というのは、二十年代以下とちがいますかって？　あのなぁ、そんなことは「ほどらい」でええねん、ほどらいで!!

ホルモンと焼き肉

大阪人は焼き肉と言えば、ホルモンつまり内臓を焼いたものを指すようです。赤身の松坂牛などはステーキと称して、分けて使うのが普通です。先日たこ焼きの本を読んでいましたら、ホルモンは「放るもん」から来ていると書いてありました。大阪人はこの説を信じている人も多いようです。しかし、これはとんでもない誤りです。放っていたなら、膨大な牛の内臓をどう処理したのかという問題にぶつかります。日本人も昔から、獣肉に関してきっちり内臓を煮たり焼いたりして食べていました。

水戸黄門の食事のメニューが今も残っています。その中にはっきりと豚のハラワタと載っています。

ここからは佐々木道雄氏の『焼肉の文化史』の受け売りですが、俗にオムライスの北極星が一九四一年にホルモン煮で登録商標をとったところから、ホルモンという言葉が普及したと言われてますが、実は一九三六年に東京で「ホルモン・ビタミン展覧会」が開かれ、ここではホルモン料理という言葉が使われているそうで、もっとさかのぼって一九二〇年頃には、内臓に対して医学用語のホルモンをしゃれて使っていたらしいのです。

大阪弁の放るもんとホルモンが語呂としてよいかもしれませんが、水戸黄門なら「おいしい部位を放るとは何事じゃ」と怒るところでしょう。食に関しては、うかつに語呂あわせは信じない方がよいと思います。

もうかりまっか考

大阪人の代表的なアイサツの一つに「もうかりまっか」があります。その返事は「あきまへん。さっぱりですわ」とか「へえ、おかげさんで、ぼちぼちでんな」と言う。ある高名な作家は「このおかげさんでと付けるのは、大阪の商人は浄土真宗の信者が多いからである」と解説までしてくれています。東京の作家として、大阪の文化にも深い知識を持っていることをアピールしたかったのかもしれませんが、船場生まれの母は「もうかりまっか、なんてアイサツは聞いたことがない」とよく言っていました。私も前々から、このアイサツには疑問に思っています。

隣近所同士のアイサツなら「もうけてはりますか」か「もうかってはりまっか」でないと、おかしいのです。「もうかりまっか」は、意味やシチュエーションが不明なのです。そして、何よりもていねいさに欠けているのです。船場の商人は、ていねいな言葉づかいをするものです。ひょっとして、古い漫才師あたりが使ってたのかなと想像しています。売り声に「イワシやイワシや、手々かむイワシや」というのがあります。

何やら大阪での売り声の定番になっていますが、司会者の故大久保怜氏が「あれは、漫才師がふざけて言いはじめた売り声や」とその昔、教えてくれはりました。

調べたら「イワシコ、イワシコ、イワシコ」と言ってました。大阪のいろいろな定番も一度疑ってみる必要がありそうです。

山手と山手

最初の山手は、やまのてと発音してください。下町に対してのやまのてであります。東京風で、格好よろしいですね。高扱住宅街みたいで。次の山手は、やまてと発音してください。これは関西風で、単に山の方とか山側という意味です。

「君、どこに住んでんねん」

「近鉄の生駒ですわ」「えらい山手に住んでんねんなぁ」

という風に使います。

江戸の武家屋敷は、排水の良い高台にあり、その武家屋敷跡が高級住宅街となったため、山手（やまのて）と言われ、庶民は逆に下町に住んでいて、この区別がついたそうです。大阪は町人の町ですから、すべて下町。山手（やまのて）は存在致しません。

エッ神戸にはＪＲ線の「甲南山手」があるが、あれは阪急より海側ですって。そうなんです。本当にＪＲの駅名のつけ方には、我々関西人も困っています。

ＪＲ東西線に「北新地」という駅がありましょう。正しくは「きたのしんち」なんですが「きたしんち」になっています。新地の入口のネオンサインも、ＫＩＴＡＳＨＩＮＣＨＩ。困った事です。

阪急、阪神は三宮、西宮の表示なのに、ＪＲだけが三ノ宮、西ノ宮。

日本は古来より、ノを入れなくてもノを入れて読んだものです。

ＪＲの文化破壊は、鉄道省の昔からで、東京の秋葉原は正しくは「アキバガハラ」だし、高田馬場は「タカタノババ」なのです。どうも、東西ともＪＲには、文化音痴しかいないようですな。

山手に対しては海手も、海側というだけの意味ですが、最近不動産の広告で「海の手六甲」というのに出くわしました。東京の「やまのて」を意識したんでしょうが、どこかおかしいですね。

よろしゅうおあがり

ちょっとした大阪弁の本をひもとくと「よろしゅうおあがり」という言葉が載っています。少し誤解があるので申しあげておきます。誤解したまま書いてある本まであるので、驚きました。食後だけとありました。

この「よろしゅうおあがり」は、食前食後の両方に使われる言葉なのです。

私の母は、ご飯をよそってくれた時、「よろしゅうおあがり」と言い、そしてこちらは「いただきます」食後に「ごちそう様でした」と言うと、「よろしゅうおあがり」と返事してくれました。食前の方は、ちゃんと食べなさいや。残したらあきまへんでてな意味がこもっています。食後の方は、ちゃんと食べてくれたんやね。有難うてな意味があるのです。恐らく、「よろしゅうおあがりやっしゃ」『よろしゅうおあがりなさったな」との食前食後の意味あいを持っていたのが、下の言葉が消えてしまったんでしょうなぁ。

平成十年まで、テーブルに出す時と勘定する時に言っていた中華料理屋さんが、堺にあったんですが、消えてしまいました。少しさみしいですね。

その堺では食前食後に「ようおあがり」とも言ってました。

れんこんの天ぷら

大阪の祭りといえば天神祭。天神祭につき物の食べ物はハモ。しかし、高くて手が出ない庶民は、ハモのすり身の入った白天。つまり白色の天ぷらで我慢をします。さて、この原稿の標題に大阪弁としての間違いがあります。いや、日本語として間違っています。ウーム、どこが？　では皆さん、ビーフのトンカツと言うでしょうか？　言わないですよね。トンカツといえば、豚肉と決まっていますもんね。実は、天ぷらというのは魚介類を揚げたもので、野菜類を揚げたのは天ぷらとは言わないのです。東京の人は「大阪人は、すり身も天ぷらと言う。あれは、さつま揚げだよ」と言いますが、それが間違いなんです。

魚介類はすり身であれ、そのまま衣をつけたんであれ、油で揚げたら本来、天ぷらというのです。ほたら、れんこんの天ぷらは何て言うのかな？　精進揚げと言います。せいぜい譲って、野菜揚げ、れんこん揚げに玉ネギ揚げ……。

船場生まれの母親は「何でもかんでも、油で揚げたら天ぷら、天ぷらというけど、それは戦後のこっちゃ」と言うとりました。天ぷらと精進揚げをきっちり区別してほしかったんですね。しかし、串カツなんていうのが普及し出して、何でもかんでも串カツというので、混同され出したんでしょうね。ちなみに、大阪流の天ぷらは、衣が少し分厚いのです。その伝統は、スーパーの天ぷらが引き継いでいます。こんな伝統、年寄りの胃に悪い!!

ろくどり

ろくどりとは、漢字では「禄取り」と書きます。「大阪人は反権力的であり、おまわりさんに対しても平気で文句を言う」と、東京の人によく言われます。そう聞くと、そうかなぁ、反権力的なのかなぁ、商売人はヘイヘイとおかみに逆らわないのになぁ、と思ったりします。しかし、思い当たることもあります。それが「ろくどり」という言葉なのです。

　大阪は商売人の街、男の子ができたって喜びません。出来がよかったらよろしいけど、よくない倅（せがれ）なら店をつぶしかねません。そういう時は、娘に出来のよい婿養子をとって夫婦にさせるのです。これで、店は安泰というわけです。

　それでは、出来の悪いその倅はどうするのか。よそへ養子にやろうにも、出来が悪いのですから婿として引き取り手がありません。そこで、親は一計を案じるのです。与力、同心の株を買うてやって、侍にさせるのです。おかみからの禄ですから、一生食いっぱぐれはありません。これを禄取りと言います。

　大阪の商人は「あいつ、偉そうに刀差して十手持っとるけど、○○屋のあほぼんやがな。禄取りやで」と、十手を持っている人を軽視したんですね。どうも、その影響が二十一世紀の今になっても残っている気がします。汗水たらして働いているおまわりさんを軽視するなんて、ロクな奴ではありませんが、伝統とは恐ろしいもんであると私は思っています。この禄取り説が正しいかどうかは、読者の皆様の判断におまかせしますがね……。

ついでながら「士農工商」を身分制度の言葉と思っている人が多いし、教師たちの中にはそう教えてた人もいましたが、これは中国の四文字熟語で「天下万民」「すべての人」という意味です。

「士」とは武士でなく「役人」の意味です。町人と武士は案外いけいけで、大塩平八郎の嫁さんは河内の百姓の娘、赤穂浪士の早水藤左衛門は薬種商の倅です。皇族も坊主も漁師もおり「士農工商」はおかしいと思わないといけまへん。その下に「えた」「非人」と付けたのは差別以外の何ものでもありません。

大阪弁笑解　リターンズ

本書の発行にあたり新たに書き加えられたものです。

なかなかためになりまっせぇ。
誰かに話したっておくれやす！

いらっしゃい

六代桂文枝のはやらせた言葉であるが、大阪人が使いだしたのは大正中期。

それまでは「ごめんやす」と入って来たら、「おこしやす」「おいでやす」が通常。しかし、これに「向こう」がついて「向こうへおこしやす、向こうへおいでやす」は、あっちへ行けという意味。

「おこしやす」は常連で「おいでやす」は一見さんと昔の商売人は使い分けしたそうな。

もうかりまっか　再考

「もうかりまっか」は、大阪人のアイサツとしておかしい。と、改訂前（前項一六五頁参照）にも書きました。

朝日新聞社発行の『大阪人』（昭和三九年発行）を読んでいると次の記事がありました。

「ボクは道頓堀のシニセのおかみさんにしかられた。『マスコミは大阪人のあいさつを〝もうかりまっか〟と書いてなはるが、大ウソや』といって。もうからんのにあきないするアホウがどこにいる——というわけだ。ほんまのあいさつは『おいそがしおまっか』というそうだ。急所をつかれた思いをした」

そうなんです。「もうかりまっか」「ぼちぼちでんな」は、実際は使われてなかったんです。

からないところもあった。小さな
た。
Ｇ
ボクは道頓堀のシニセのおかみさんにしかられ
た。「マスコミは大阪人のあいさつを〝もうかりまっ
か〟と書いてなはるが、大うそや」といって。もうか
らんのにあきないするアホウがどこにいる——という
わけだ。ほんまのあいさつは「おいそがしおまっか」
というそうだ。急所をつかれた思いをした。
つねうどんは安くて、手軽で、腹
ぷり脂肪分がある。こ
あれはッ

大阪弁とら抜き言葉

大阪人は例えば「食べれるんか？」「食べれるで」と言う、ら抜きである。

ところが否定文のときだけ「食べられへん」と言う。「着れるんか？」「着れるで」と言うのに「着られへん」と言う。「食べれへん」「着れれへん」とは言いにくい。時々言う人もいるけど、「ら」を入れる。不思議な「ら」である。

島之内の言葉と船場の言葉

島之内の言葉		船場の言葉
おまへんか	↓	ごわせんか
おます	↓	ごわす
そうだす さいだす	↓	そうでござります
言いはる 言やはる	↓	言いなさる
ご飯にしはりまっか	↓	ご飯におしやすか
早よおましたな	↓	早よごわりましたな

船場のごわせん言葉は、私あたりが最後の経験者でしょう。「うち、ええしの子やし」なんて船場のこいさんが言おうものなら「島之内の言葉をつかいなさるとは、あきれかえった娘や」と大目玉をくろうたと、船場平野町出身の母が言うてました。

大阪のまじない

しゃっくりのまじない

母親が船場生まれということもあってか、しゃっくりのまじないをさせられたことがある。

普通は背後から「ワッ」とおどかすのですが、大きめの湯のみに白湯（さゆ）を入れて、茶わんに十文字に箸を渡すのである。そしてその四つのすき間を順番に橋の名を言いながらのんでいくのである。橋の名は十回のんでいくので十ォの橋の名を言わなければならない。

まぁ、これでしゃっくりは大概とまったのでした。

蜆川のまじない

今は埋めたてられて無い、堂島川の支流。今の北の新地を流れていた蜆川で月見の晩に目を洗うたら目がよく見えるようになるという大阪の秋の風物詩。

大阪のけったいなまじない

・針で手足をついたら
→ハサミで叩いたら治る
・シビレきれたら
→デボチンにつばをつけた紙をはったら治る
・裸で仏壇に向かうと
→仏さんがこわがる
・客が帰らんときは
→障子の三こま目にキセルをかけたら帰る
・足で足を洗ったら
→親の死に目に会えん
・ニワトリのケンカは
→ワラのほうきで追うたらやめる
・脇の下をこそばして、こそばいと言わへん子は
→不倫の子

貧乏神と焼きみそ

大阪の商家で貧乏神を家から追い出す行事が月末にある。

番頭さんが大きなミソのかたまりをこさえて焼いて焼きみそをこしらえる、どうやら貧乏神はこの焼きみそが好きで、焼きみそに寄ってくる。

勢ぞろいしたころに焼きみそを半分に割って台所中を持って回る。最後に割った口を閉めて、貧乏神を閉じ込めるのである。

もう一つは同じようにして旦那の居間から女中部屋まで回って貧乏神を取り込み、川に持っていって流すのである。

船場は横堀川が流れているので貧乏神の水葬にはもってこいだった。

昭和 12 年頃の台所

地蔵流し

サントリーの佐治敬三さんの思い出話に出てくる。

「ヨコ一寸タテ二寸の長い和紙に木版朱色の地蔵尊を一家あげて多数刷った。この木版で捺された朱色の地蔵尊とご先祖様の戒名を書いた経木を川に流す。年に一度中之島の岸から堂島川を北に向かって上っていった。舟の上でお坊さんがお経を読み、それにあわせて一枚一枚流す」とあるが、もうこの光景は見られない。毛馬閘門付近で放生会(ほうじょうえ)する舟が何隻も出ていったそうな。

大阪のしゃれ言葉

大阪のしゃれ言葉はたいてい謎かけ風である。「お断りします」のかわりに「こわれた戸で、あきまへん」の類が多い。

東京風の「その手は桑名の焼き蛤」式は、ほとんど見あたらない。牧村史陽氏の「大阪ことば事典」にもない。

私が知っているのは「恐れいりがらのジリジリ」いりがらは鯨のコロのこと。あとは「どっこい、そうは左専道のお不動さん」左専道の不動寺は、城東区にある友三寺とも言う真言宗のお寺。「そうは問屋が卸さんぞ」と言いたいときに使う。

干支と株の格言

干支にちなんだ株式相場の格言。

辰巳天井、午尻下がり、未辛抱、申酉騒ぐ。

戌は笑い、亥固まる、子は繁栄、丑はつまずき、寅千里を走り、卯は跳ねる。

ノレンの違い（暖簾の東西）

ノレンにも東西の違いがあります。

京や大阪の伝統を誇る店のノレンは、棒を通すところは筒状になっており、東京は輪っかです。

だんだんとその違いが東京資本の店の進出によってなくなりつつありますが、これは大きな区別の仕方です。

もし京大阪で輪っかで竿を通したノレンが出ていたら、伝統を知らない歴史の浅い店と考えて、私は入りません!!

前垂れのひもの色

船場の丁稚どん達の前垂れの紐の色で、奉公先の商売がわかった。

道修町（薬種）は茶色、靭（乾物屋）は青紐、横堀筋（瀬戸物屋）は白紐、本町筋（太物屋）は紺紐、御堂筋（履物屋）は黒紐。

御堂筋といっても今は広く長いが、北は淡路町突きあたり南は長堀川までの間が明治大正頃の御堂筋。

だんじりと御座船

大阪城の濠に「御座船」の復元船が浮かんでいる。「だんじりそっくりの形やなぁ」といった人がいる。

そのとおり川御座船といって天満から伏見まで参勤交代の時に殿様が乗ったのと同じスタイル。

修羅説があるが修羅は物を運ぶ下の台であって、上に何を乗せるかが大事で、殿様やご神体を乗せるにふさわしいものでなければならない。

だんじりは御座船を台に乗せたと考えた方が自然である。

※もっと詳しく知りたい方は『日本の祭と神賑』創元社・森田玲著がある。

御座船型の船だんじり「天神丸」
大阪天満宮蔵

人力車

大阪で最初に人力車をこしらえさせたのは、大阪三井両替店の番頭吹田四郎兵衛。日本の海運業の基礎を築いた人物で、ご維新の新政府と三井を取り結んだ大阪財界の大物。

人力車業そのものは明治三年末頃、高麗橋一丁目に「飛久」が開業。初めの頃は金蒔絵で、金時、児雷也、龍、牡丹などの絵を描いていた。

大阪の長屋と家移り

大阪の長屋の特徴は、襖・障子・畳が大阪市内同一規格で、ひっこしの時すべて前の長屋の分を持ち込んでもよい。

大阪畳は「縦六尺三寸、横三尺一寸五分」と決まっている。借家人は家移り（引っ越しの昭和までの言い方）の時に畳、障子、襖を持って出た。

建具、畳なしの長屋を貸すのは「はだか貸し」ついた家は「付け貸し」と言った。

こんな風景は第二次世界大戦までで、空襲で古きよき長屋の大半が焼失。戦後経済力がつくと畳まで持って家移りする人もなくなりました。

ぼんち考

漫才コンビの「ぼんち」ではない。大阪では男の子のていねいな言い方。

兄弟がいるときは兄ぼん、中ぼん、小ぼん。

落語の子ほめに出てくるが、ていねいな順で言うと「オボンサマ、オボンサン、ボンサン、ボンチ、ボンボン、ボン」となる。

TVドラマで『ボンチ、こっちへおいで』というのがあった。面と向かってはこの言葉はない。ボンチとは客観的な物言いで「あそこのボンチ、しっかりしてるで」という使い方をする。

面と向かっては、「ボン、あんたなぁ」とか、ちょっと幼いと「ボンボン、おとなしゅうしとき」と言ったりする。

牧村史陽氏の説では「法師」説であるが、私は取らない。「坊稚」という用例があり、「坊」が語源でよいと思う。

下駄かくしの歌

下駄かくしの歌が差別だとして放送禁止となって久しい。

私は解放新聞にその昔『通りゃんせの歌』について「行きはよいよい帰りはこわい」を部落への一本道だと言った説に対し、それは違う「こわい」は恐怖でなく足がこわばるの意でないと意味が通らないと書いたことがある。

同じことがこの下駄かくしにも言える。私が子どもの頃に鬼ごっこの鬼きめに歌ったのは

♬　下駄かくし
　チュウレンボウ
橋の下の　ネズミが
草履をくわえて、
　チュッチュクチュ
チュッチュクまんじゅは
　誰が喰た
誰も喰わへん　わしが喰た
表の看板
　両替屋（三味線屋あり）
裏からまわって　三軒目

子どもの遊び歌にあって「下駄」「ぞうり」は、私の子どもの頃までごく自然に当たり前の履物であった。チュウレンボウが長吏（ちょうり）法師だと昭和三十九年盛田嘉徳氏が言いだしたあたりから雲行きが怪しくなってきた。

長吏は非人の長の意であるが下に法師ならわからぬでもないが坊（ボウ）である。これは右田伊佐雄氏が、橋の下の菖蒲（しょうぶ）と言った狂言の種々山伏の登場する時の決まり文句を入れたもので、常念坊、常陸（ひたち）坊とかの坊であるとされている。

私はネズミに対応してチュッチュクチュと考えている。両替屋でも三味線屋でも、江戸時代にはごく身近に存在していたもので、下駄、三味線、橋の下と続くから部落差別の歌と解釈したのだろうが、長吏坊でなく山伏とひっかけて注連坊と解釈した方が自然だと思う。

また、京都では橋の下でなく、はしり（台所）の下と歌っている。

部落産業が身近な生活を支えてきた証の歌でもあるので、このまま消えていくのはあまりにもおしい。

今はない竹がえし

巾1㎝長さ15㎝くらいの竹を手の甲に10本ぐらい乗せ、手のひらをトントンさせながら裏2枚とか裏3枚とかを指定して早くその数に達した方が勝ちという遊び。

竹の皮の表面の方が表、内部の方が裏、今はもうない。

写真は我が家に残っていた貴重な4本。

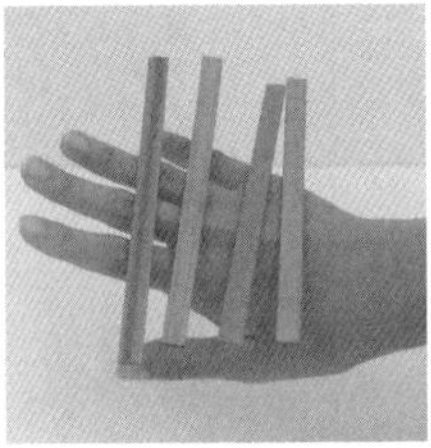

夜店と古本屋

『十方化おおさか史』によると、「古本といっても少年世界や幼年倶楽部……一般雑誌が発売されるやいなや夜店に並んでいた。景品こそついてなかったが中身を読むには結構有難かった。五十銭の雑誌が四十銭で入手でき、しかも一週間以内に返品すると三十銭でひきとってくれる」

つまり十銭で雑誌が読めたのである。

借用書の文言

「金子拝借しました。万一返済できぬ時には、人中にてお笑い下され。一切抗議いたしませぬ」

江戸の中頃から明治にかけての大阪の借用書には前記のような文言がそえられていることが多い。世間様の前で笑われることが一番の恥。信用を失うことになり、これは商人にとっては致命傷で、もう一旦失った信用は取り返せぬということ。この借用書の文言から商人気質を見たり、その当時の近松作品などを読むと今とは別の大阪の商人像や心のありようが読み取れる。

またも負けたか八連隊……

「またも負けたか八連隊、これでは勲章くれん隊」これは大阪の軍隊の弱さを言ったとされる文句である。

定説をひくと日露戦争の時、大阪と金沢の師団が二百三高地を攻めたが、大阪は負け続けた。司令官の乃木大将が「またも負けたか八連隊」とぼやいたからとしている。

しかし、八連隊は二百三高地には行ってない。では真相は？

原因は西南戦争で西郷軍にやられたかららしい。このとき官軍の八連隊指揮官が乃木少佐であった。熊本城八キロ手前で薩軍の夜襲で八連隊は負けに負けて乃木が「またも負けたか八連隊」とぼやいたそうな!!

「大阪は商人の町、負けて得するんや、損や元値で蔵を建てるんや。商人は負けてあたり前や」負けの意味は違うけど、うちの師匠三代目南陵がへりくつ言うてました。

千人針

無事に帰ってくるまじないで、千人の女たちが一つずつ赤い糸を玉むすびにする。晒もめんで腹帯のようにして、五銭玉と十銭玉を縫い付ける。四銭（死線）をこえる、九銭（苦戦）をこえる。母の思い出話より。

通天閣の名づけ親

「通天閣」「仁丹」小豆島の「寒霞渓（かんかけい）」の名づけ親は藤沢南岳。藤沢桓夫（たけお）のおじいちゃん。エッ？知らん。桓夫の母カツの弟が石浜純太郎。その長男が石浜桓夫「こいさんのラブコール」「大阪ぐらし」などの作詞家やがな。わからんかったら大阪弁で言うで「目ェかんで死ね！！」つまり文学者の家系やね。

花菱アチャコさんの芸名

横山エンタツさんは煙突のなまりで背が高かったからであるが、アチャコさんは花菱五郎の芸名だった。それがアチャコに!!

花菱はもちろん吉本興行の紋。アチャコは、アチャンという中国人の曲芸師によく似ていたところからアチャン公、それをアチャコにしたという。

平成二九年（二〇一七年）NHKの連続テレビ小説「わろてんか」の中に出てくる漫才師キースとアサリは、この二人がモデル。

ちなみにわてが「わろてんか」で、大阪文化全般の監修をやらせてもらいました。もちろん出演もさせてもらってます。

寛美さんと法善寺の看板

法善寺横丁の看板は、三代目春団治師匠と藤山寛美先生の看板の二枚。

寛美先生の善の字は一本抜けている。

横丁の皆さんが訂正を言いにいくと「わてはアホの役者でっさかい、一本抜けてます。そのままで」と名言をはいたとか……。

そばにいた付き人の中川雅夫さんは「気ィつかなんだ」と言い、直美さんは「お父ちゃんがまちごうただけや」と、いともあっさり。

そう、書き直すのが面倒だっただけの言い訳でした。真相ってこんなもんです。

法善寺横丁

定説では劇作家の長谷川幸延氏が、昭和十五年に書いた『法善寺横丁』に由来。それ以前は法善寺裏。

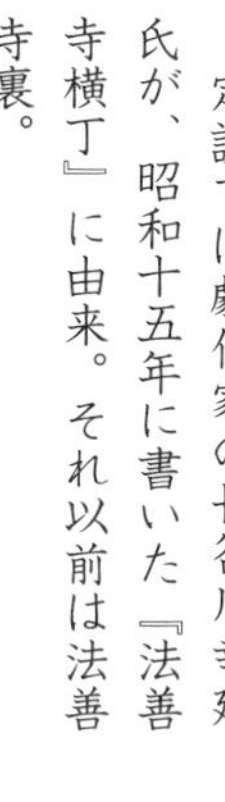

戎橋異聞

戎橋は今宮戎へ通る橋だからであるが、今ではナンパ橋ひっかけ橋と若者は言う。

その昔、操り人形の小屋があったので操り橋とか。

この戎橋、慶応三年三月徳川慶喜が大坂城で英米仏蘭の外交使節と面会することとなった。戎は夷で攘夷に通じるというので、慶喜はお触れを出して戎橋を永成橋と改名させた。

もちろん名に反して永く続かなかった。明治三年に元へ戻した。

橋のナゾナゾ

問い：七福神にちなんだ橋はどことどこ？

答え：戎橋と大黒橋、あとはまとめて呉服（五福）橋

問い：戎さんの紅白の長いネジ飴はどこの橋で作ってる？

答え：飴延ばし（アベノ橋）

問い：英語の名前の橋は？

答え：サンキュー橋（三休橋）

問い：渡ると英語を覚える橋は？

答え：エー、ビー、シー橋（戎橋）

阪急梅田駅の謎

阪急電鉄の切符や定期券の梅田の表記で不思議に思っていることはないでしょうか？

梅田の田の中がメになっているのです。

これはまだ自動改札でなく駅員さんが目視の頃、富田、吹田、園田など、田の付く駅が多く「三宮～園田」間の定期を持っている客が園の部分を親指で隠し三宮～梅田（三宮～■田）のように見せて不正する者が多く、それを防ぐために田の中をメにしたという。

小林一三氏の罪

人は功罪あい半ばする。小林一三氏を経営の神様とあがめ、なんでもかんでもほめそやす人がいる。

しかし郊外に大学を作ったがため、大阪市内は若者文化が育たなくなった。

金持ちを芦屋や宝塚、西宮に移したがため、文楽、歌舞伎、花街の文化は一挙にすたれた。大阪の金持ち達がパトロニズムの支えではなくなったことは事実である。

さらには大阪市内の祭礼も昔に比べると、貧相になったことも事実である。

経済規模の小さな博多や名古屋に花柳界が存在しているのに大阪ではほとんど火が消えかけている。

今、市内に大学のサテライトがぼちぼち出来ているので、ここから若者文化が育ってほしいものである。

大阪のおばちゃんと負けてんか

放送局や広告マンは、ステレオタイピングが好きだが、どの統計をとっても大阪より東京近辺の方がヒョウ柄のオバチャンは多い。

アメチャンなめるかというオバチャンは、ほとんど大阪にはいない。アメの消費量は毎年全国四十位前後をウロウロ。

負けてんかのオバチャンは皆無。元々売る側から「オマケしまっせ」というのが、大阪の商法。近所や百貨店で負けてんかと言うたら、嫌われて出入り禁止になりまんがな。船場では地方の仕入れの方と丁々発止してたけど、小売りでは買う方から負けてというより、商売人のおっちゃんが「オマケするから買うてんか」と言う方が多い。売り手と買い手をごっちゃにしたらあきまへん!!

そういえば、巣鴨のトゲ抜き地蔵の商店街で「お負けしてちょうだいな」と言うオバチャン見かけたけどなぁ。

五郎八（ごろはち）

昔の人は松竹新喜劇の曽我廼家五郎八を思い出すでしょう。ごろはちという言葉は司馬遼太郎作品にも出てくるが、もう意味がわからなくなってしまった。

その昔、普通の茶碗より大ぶりで安物の「五郎八茶碗」というのがあった。「くらわんか舟」でも汁椀として出していたのか、淀川から出土することもある。

要するに値打ちのない安物、そこいらのしょうむない人間を表現するときに使われる。

「へな」という粘土で作った「猪口（ちょこ）」、〝へなちょこ〟が腰抜けの意味に使われていったのと同じ。

かんかん虫

勝新太郎と田宮二郎の映画で「悪名」というのがあった。

深夜に再放送されることがあるが、南都雄二さんのセリフで「わて、かんかん虫やってましてん」というのがあった。

もう、この「かんかん虫」は完全に絶滅してしまった。

今は船底に塗料を塗って貝殻の付着を防止しているが、昔はかきだの藤壺だの色々な貝が付着して、船の速度を落とす。そこで船底についた貝殻を道具を使って「カンカン」と落としていく。

船底をカンカン叩くから「かんかん虫」とその職業を言った。

銀座のカンカン娘とは違いまっせ!!

大阪のうまいもん薀蓄帳

この原稿は「月刊たる」という雑誌に連載したものです。

おでんと関東煮

大阪人は「おでん」と「関東煮」（かんとだき）とを、一緒にしています。大阪弁の辞書にも「おでん」とは、大阪での「関東煮」といった表記があります。しかし、味においては大いに違うのです。そのことを説明しましょう。

幕末から明治にかけて、大阪では味噌田楽を上品に「おでん」と称していました。ところが東京の方から、濃口醤油で煮込んだ「煮込み田楽」が、大阪に進出してきました。これを関東では「おでん」と称していました。

大阪人は「田楽」を「おでん」と称していただけに、弱ったあげ旬、この「煮込み田楽」を「関東煮」と名づけました。この区別で安定していたのですが、時は関東大震災。東京で板前さんが不足。大阪から行った板前さんが、東京の「おでん」の味に驚いた。味の深みも何もない。大阪では「関東煮」なんて、駄菓子屋の片隅に置いていた程度で、板前さんも相手にしていませんでした。東京では小料理屋に置いていただけに誰ともなしに、大阪風の「昆布」と「かつお」のあわせ出汁で煮込んだのです。たちまち大阪風の「おでん」が関東を制覇。そして大阪へ逆上陸したのでした。（神戸逆上陸説あり）

大阪人は「おでん」を田楽と称し直し、濃口醤油で煮込んだのを「関東煮」、大阪風の味となった「おでん」はそのまま「おでん」として受入れたのでした。東京にも大阪にもほとんどお目にかかれない濃口醤油で煮込んだ「おでん」はどこでお目にかかれるのか。それは、東京と大阪の中間点、静岡県に残っているのです。静岡へ行くと、おでん本来の形、駄菓子屋にまで置いているから、味の伝播とは不思議なものですね。

本書にもおでん売りの口上を所収しています。「おでんさんの出生はどこじゃいな……甘いおむしのべべを着て」とあります。甘いおむし、つまり甘い味噌をつけていたという歌詞からも、大阪ではこんにゃくやら豆腐やらに甘い味噌をつけていた味噌田楽を、おでんと言っていたことがわかります。故森繁久弥さんに「関西煮」と命名された有名なお店がありますが、ご愛嬌としておきましょう。

おでんと広東だき

ある本を読んでいると、大阪の有名なおでん屋さんの説として、堺の出島に広東人が上陸して、色々なものを串にさして大鍋で煮込んで食べていた。堺の人々はこれを広東だきと称した。TV局が中国へ取材に行ったら、そのようなものがあったという。

堺に広東人が上陸したとするなら、日明貿易の時代しかない。江戸時代は堺の浜は潮流の関係で砂が堆積、遠浅の所へ大和川の付け替えで息の根を止められてしまった。第一、出島という地名は近代に入ってからである。戎島は昔からおましたけどね。広東人が食べ物を串にさしたのも奇妙で、少ない知識だが中華料理で串料理は未見である。

田楽という名は、豆腐を串にさした形が、白い袴をつけ、ホッピングみたいな竹製の道具で豊年祈願の踊りをする田楽法師の姿に似ているからである。春日大社で田植の時に行っているが、全国の田植神事に残っている。

TV局の取材であるが、日中の不幸な歴史の中で、おでんは中国や台湾に食文化として定着しているが、せいぜい百年のことで、ここをしっかり検証しないといけない。第一、このおでん屋さん、かつお出汁が基本で、正に関東煮の系譜の上にあるやおまへんか。

一杯のみ屋のおでんは話をしている内にさめてきます。私が行く北の新地にある「ふ留井」はさめんようにあつあつの土鍋で出してくれます。(全日空ホテル近く　北新地ビル二階)

くるみ餅

　大阪府堺市生まれの私にとって、懐かしの味が「くるみ餅」である。地元だけでなく泉州一帯で昔からポピュラーな菓子であった。大豆の餡を白玉餅でくるんだから「くるみ餅」〝南蛮渡来の木の実をすりつぶし、その中にクルミも入っているから、「くるみ餅」〟という珍説には目をパチクリ。日明貿易やポルトガル船は、ぶどう酒や砂糖は持ち込んで来たが、木の実のような軽いものは持ってこないものだ。何故なら荷物は船を安定させるパラストの役目を担っていたからである。第一堺に南蛮船が直接入ってきた史実は確認できない。

　堺の古い人たちは、「きなこ餅」「あぜ餅」と言っていた。「あぜ餅」というのは、田植えが終わったあと、農家が自家用に田のあぜに、大豆を、植えたからで、大豆のことをあぜ豆と言ったところに由来する。

　堺では、江戸時代からの和菓子屋も多いが、これを扱っている店は調査したがなかった。しかし、灯台もと暗し。調べていたら羽衣国際大学で教鞭をとっておられる川原正光さん（私も羽衣国際大学でかつて客員教授をしていました。この方も堺に生まれ堺に育った方です）が、「うちの爺さんですわ。くるみ餅をポピュラーにしたのは。うちは大正頃から堺の宿院で（朝日食堂）というのをしてましてなぁ。今でも食堂でおはぎ置いてるとこおまっしゃろ。それできなこ餅を作り始めたんです。ごあんと言うて、氷砂糖のようなかたまりの茶色がかった砂糖を石臼で丁寧に挽いて、あんこを作ってましたなぁ。親爺は画家になったし、私は放送マンになったし、結局、店は万博時分に閉めましたけど。評判を聞いて色々な人が、うちの爺さんのくるみ餅の製法を聞きに来たり、店に住み込んだり、店員になったりして、製法を学んでました」と言ってくれ、やっと私の永年の疑問も解消しました。

　「堺の思い出を語る会」で川原さんに講演してもらったら、八十歳くらいの方々がそれぞれ思い出を語って裏打ちし

てくれました。その川原さんが、「今でも、我が家ではお彼岸の時なんかに作ります。ごあんは入手困難なのでザラ目で代用しています」とのこと。

さぁ、極秘のレシピです。あくまでも〈朝日食堂〉としてのレシピです。

くるみ餅

材料

北海道産大豆　五〇〇g

粗目砂糖　二五〇g

白玉粉　二〇〇g

食紅（青）

★作り方★

①大豆は作る前日の晩から水（なるべく多く）に浸けておきます。

②水五〇〇ccを沸騰させ、粗目砂糖を入れかき混ぜ溶かし、透明になれば冷まし熱をとります。

③大きな鍋に①を入れ中火で約四十分ぐらい煮ます。時々泡のようなアクが出ますのですくい取り、指で軽くつぶれるくらいになれば、水で冷ましながら表面の皮をむきます。

④①を⅓位ずつに分けてミキサーに入れ②を少し加え一～二分回します。回転しにくければ②を少し加えます。（出来上がりは、なるべくなめらかになるようにしてください）

⑤うらごししてさらになめらかにする。

⑥出来上がりのくるみに少し青みをつけるため、食紅を耳かきぐらいに小さじ一杯程度の水に溶き④に入れ泡立て器、もしくはしゃもじで混ぜます。その時の硬さによってお好みの硬さになるように②で調整してください。

⑦白玉粉に少量の水を加えていき、耳たぶより少し堅めにし、二cmの棒状に延ばし二cm長さに切り分け、丸め（丸めたら真中を親指でへこませます）熱湯にくぐらせます。浮いてくれれば冷水にとり、白玉団子の出来上がりです。

⑧器に⑥を五～六個入れて⑤を上からかけます。

夏はくるみ餅を冷蔵庫で冷やし、上からかき氷をかければ冷たくておいしいです。

お子さんには、くるみを製氷皿に入れ固めれば一口アイスキャンディーになります。

冬は温めてずんだ餅のようにしてもおいしいです。

ちょぼ焼考

『大阪食文化大全』（西日本出版社、笹井良隆編著）という好著がある。私も参考にしている本である。たまたま、ちょぼ焼の項をみて、ふと気づいたことがある。次の記述である。

「ちょぼ焼とは、はがき大の鉄板に、横に三つ、縦に四つ穴の開いた道具にメリケン粉の溶いたものを流し、穴のなかにはコンニャクや干しエビを入れ、醤油を入れて焼くものであった」とある。

私は実物のちょぼ焼の型を持っているが、鉄板ではなく銅板である。横八・五㎝、縦一一・五㎝、穴の直径二・五㎝、厚さ〇・五㎜、ふちはメリケン粉がこぼれないように折り曲げて高くしてある。木の柄が付いている。

明石焼きが今でも銅板であるように、銅板でちょぼ焼（ラジオ焼）の型が作られていた。焼くのは上と下とにわかれていて、間に炭を入れるところのある、かんてきみたいな火鉢であると母親から聞いたことがある。四角くて型の下側が焼けると下段に移して上側を焼くのであって、ひっくり返さない。どうしても鋳物製のタコ焼の型にひっぱられがちで、鉄製とどんな本でも書いてあるが、そうではない。また、タコ焼の普及には河内の鋳物屋さんの存在があったことも見逃してはならない。元祖は幕末の「しめじ焼き」とか。（奥村彪生説）

ほいろ昆布

「塩こぶを塩こんぶというまずさかな」という西田当百の川柳がある。大阪人は「こんぶ」と言わずに「こぶ」と縮める。酢こぶ、根こぶ、とろろこぶ、こぶうどん。ある女性エッセイストが、逆のことを書いていたのには驚いた。ただひとつの例外がまったけこんぶかな？

かつて、大阪には昆布を炙った「ほいろこぶ」というのが存在した。しかしこれは業者さんが消滅してしまった。『大阪ことば事典』などには、昆布を炙ったものだけの記載であるが、なかなかそうではない。

まず青森県の色薄、肉薄の昆布を酢につける。そしておぼろこぶを削るように表面を、通常垢とりと言われるが、これを薄く削る。そして後に寸法に切って結ぶのである。幅一cm、長さ五cm程度であるが、それを天日干しにする。するとマンニットという、旨味成分が、まっしろにわきだしてくる。その状態のものを網かごに入れて、下から備長炭で炙るのである。するとマンニットがとけて、つやが出てくるのである。これが仕上がりとなるのである。

どこかに文章として残しておかないと、ほいろこぶが単に炙りこぶレベルの理解しか得られないようでは、こらあかんと思うて書きとめた次第。

しかし昔は家では絶対昆布は炙らない。それは昆布屋さんの商標は富士の山形がかかれている。富士を煎る、不事入るにつながるからである。

だし昆布を山出しというが恐らくこの富士の山形に由来すると私は見ている。（色々と説あり）

大阪のうまいもん薀蓄帳　リターンズ

本書の発行にあたり新たに書き加えられたものです。

なかなかためになりまっせぇ。
誰かに話したっておくれやす！

大阪寿司と森の石松（再考）

改訂前のこのコーナーでも「握り寿司を森の石松が食べたかも」と書きました。

元々このシーンは明治の講談師神田伯山師の創作で、浪曲の広沢虎造師は、この演目を盗んだので大騒ぎとなりました。

この伯山師の三十石舟のシーンでは、「酒を一升樽ごと買って、船に乗る前に買って来た……、本町橋の押し鮨を笹折りにしたやつを開いて夫れを食べて居る」

どうやら石松は大坂の押し寿司を食べていたようです。本町橋に「鉄炮家」という屋号の寿司屋がありました。元々は明治のご維新までは「鉄砲屋」として本物の鉄砲を扱っていたそうです。

「おやっ明治から？」そうです神田伯山師は実地調査してネタを創作、この本町橋の「鉄炮家」の押し寿司を見て、ネタに入れ込んだようです。

鉄炮家さんは味で評判でしたが四代で跡取りさんがいなくなったそうです。

おでんと関東煮

関東煮については、改訂前（前項一九二頁参照）にも書きましたが、関東大震災のときの大阪からの炊き出し救援説があるが、炊き出しだけでは普及しない。大阪の板前さんの東京定住が大きく寄与している。

東京駅に近い老舗のおでん定食。出汁が透き通っている。

松前すし

今はポピュラーになっているが、鯖のすしに昆布をのせて竹の皮でギュッと包んだもの。発明は戎橋の丸万が最初。明治四十五年に登録商標をとった。

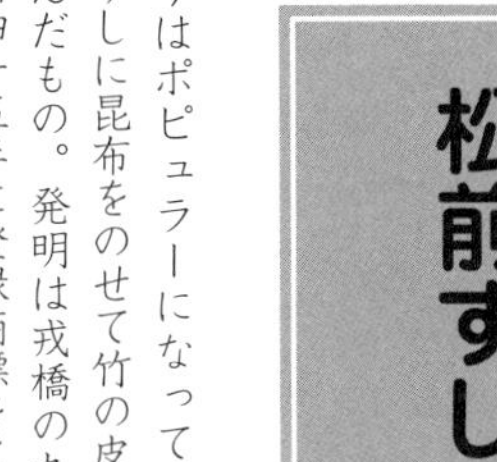

ご飯たべ放題

大阪の食事の味つけは、うす口醤油である。テレビを見ていたら、その理由を奉公人にあまりご飯を食べさせない工夫だと言っていた学者がいた。

アホか！　船場の商人はそんなケチではない。昼用に飯炊きの女御衆（おなごし）さんがくるが、ご飯は食べ放題。台所に大きなお櫃（ひつ）が置いてあるもんです。一日（ついたち）と十五日はスキ焼きが晩に出る。うす口醤油を使うのは、大阪は「昆布」と「かつお」のあわせ出汁が基本の食文化やから。

できた料理はもちろんおいしいので、逆にご飯は何膳もすすみます。

だから「ご飯だべ放題」。もっと勉強せぃ～。

すき焼きと神仏

獣肉はけがれているという考えから、すき焼きのときは神棚に半紙を貼り、仏壇を閉めて食べた。

船場生まれの母も私が子どもの頃までやっていたが、いつの間にかやめていた。

お茶漬け

奉公人の食事のしめはお茶漬けをしたり、茶碗でお茶を飲んで茶碗をきれいにした。

女御衆さんの洗う手間を省いてやることと同時に、茶碗を洗うと割れる恐れがあるためだとか。

つけもん

東京では二切れが通常。一切れは人切れ、三切れは身切れでゲンが悪いから。

しかし、東京人はつけもんでもケチりよる。大阪は三切れや。品物を見切れ、商機を見切れという教えがこもっていた。

天王寺蕪と野沢菜は無関係

漬物で有名な野沢菜の元は天王寺蕪という説は大阪人なら常識ですが、科学は残酷ですね。今の天王寺蕪と野沢菜はDNA鑑定の結果無関係だと判明したのです。平成二十年頃の報道だったと記憶しています。

伝説では、「宝暦六年（一七五六年）に京都へ遊学に来ていた長野県野沢温泉村の建命寺の住職が、天王寺蕪の種を持ち帰って栽培したところ、蕪の部分が成長せず葉ばかりしげり、これを漬物にしたのが野沢菜となった」とあるのです。

野沢村では天王寺蕪と称せず蕪菜とこれを称していました。何となく天王寺蕪とは、丸葉でも切れ葉でもなく別種かなぁと思っていたのかも知れません。

まぁ今では当時、天王寺蕪と称しながら雑多な種類の種を種屋が扱っていて、それを住職が持ち帰ったのだろうと推測されています。

私の大阪府大大学院の農学部の恩師、堀田忠夫先生が「なにわの伝統野菜」は後世に残さんとあかんと、平成十二年頃から始められた運動が大阪中で結実しているのは、嬉しいかぎりです。四天王寺の天王寺蕪の石碑は人々に誤解を与えますなぁ。

「名物や蕪のなかの天王寺」蕪村

「この頃は蕪曳くらん天王寺」子規

あくまでも大阪人は「カブラ」と発音するのです。右の句がその証明です。

串カツと二度づけ

大阪の串カツは二度づけお断りが名物。

私が新世界新花月に出ていた昭和四十年代までは貼り紙すらなかった。熱いのをさますのにドボンとつけていた。味つけ兼用。

ラジオ大阪で鶴瓶と新野新さんのコンビで「ぬかるみの世界」という番組。「新世界はガラは悪くはありません」という投稿から新世界ツアーが実現。それ以来、日雇いのおっちゃんの町に観光客がドンドン来るようになり、観光客の苦情で「二度づけ不潔」となり、だるま、八重勝、天狗をはじめ昭和五十年代半ばから「二度づけお断り」とあいなった。

仕事にあぶれたおっちゃん達は、朝早くからのいこいの場を追い出され、少し離れた裏さびれたところで飲んでいる。

串かつだるま提供

ソース談義

大阪人は衣つきの天ぷら、カレー、スパゲッティ、豚まんとソース愛好家が多い。

東京人は素材の味を損なうと考えるが、うまい料理をさらにうまくするのがソースと、香港のイギリス系のホテルでは女王陛下ご指定のA1（エーワン）ソースが置いてある。

まずい料理はうまく、うまい料理はさらにうまくするのがソースと大阪人は考えるのである。女王陛下と同じ考えである？

紅しょうがの天プラ

紅しょうがは、大阪、和歌山では梅ぼしといっしょに漬ける。だから紅しょうがは身近にある。

ある物知らずの学者が、紅しょうがの天プラは海老のかわりだと言っていたが、紅しょうがが海老のかわりになるかい!!

魚介をあげたのが本来の天プラ、野菜は精進あげ。ほんまは紅しょうがの天プラはおかしいねんで!!

モダン焼の由来

お好み焼に焼きそばをいっしょに焼いたのを「モダン焼」と言う。

ぼてぢゅう発祥のモダン焼

どうやら「ぼてぢゅう」さんが発祥という。そこで筆者が昔、店員さんに訊いたことがある。答えはシンプルであった。

「両方やから、盛り沢山。もりだくさんがちぢまって、モダンです」

あっさりしてました。

創業当時のぼてぢゅう（大阪市西成区玉出）
ぼてぢゅう®グループ提供

ミックスジュースの由来

新世界の「千成屋珈琲店」が残った果物を利用してはじめたもので、昭和二十三年（一九四八年）ジャンジャン町で果物店をしていた恒川一郎さんが、売れ残った果物、当時はリンゴ、ミカン、モモ、バナナに牛乳と砂糖と氷を加えて、ミキサーにかけて店頭で売り出したもの。

昭和三十五年（一九六〇年）に喫茶店に業態を変えたが、人気メニューとして残った。

そのころは今のようにあっさりしたものでなく、ドロっとした感覚が舌に残った。

平成二十八年（二〇一六年）七月閉店。しかしその翌年平成二十九年（二〇一七年）「千成屋珈琲」としてリニューアルオープン。店主は代わったが、ミックスジュースの味は受け継がれた。

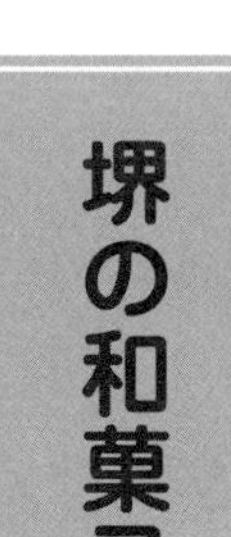

堺の和菓子

京の和菓子屋さんから「堺の和菓子屋さんは、創業を戦国時代にもってきたり、利休さんと結びつけたりしはりますけど、どこにも文献資料はありまへんな」と言われたことがある。

千利休の茶会の菓子といっても、干し柿、麩の焼きレベルである。明治四十二年堺地図名所繁栄鑑に、旧堺市内の菓子屋が載っている。

煉りようかん駿河屋こと鳳、大寺餅こと河合、煉りようかん長崎屋こと谷澤、赤飯餅大黒屋こと朝田、和洋菓子丸市こと野間、けし餅小島屋こと山田、にっき餅八尾政治郎（欠落しているが八百源と思われる）

さらに同書には明治四十二年時点で

十代以上之旧家に、沈香、薬、魚問屋などはあるが菓子屋の記載なし、せいぜい遡(さかのぼ)れても江戸後期である。煉りようかんも砂糖が用いられたものは金持ちがノド痛(いた)に薬として食べたものである。

京都の菓子屋さんは「八ッ橋由来裁判」を起こすぐらいですから、よう調べてはりまんなぁ。

かつて大阪のおみやげを調べた井上理津子さんが、堺の和菓子の創業由来を書いていなかったが、彼女の慧眼(けいがん)に敬服!!

(いろは順)
煉羊羹 甲斐町 駿河屋 鳳
大寺餅 同東一 大寺餅 河合
煉羊羹 林木町東一 長崎屋 谷澤
赤飯餅 夜ノ町東四 大黒屋 朝田
和洋菓子 市ノ町 丸市 野間
けし餅 北旅篭町西一 小島屋 山田
にっき餅 材木町東一 八尾政治郎
椹屋町東一 若竹喜代太郎
同 辻本幸蔵
熊野町(パン) 泉 梅月堂
(いろは順)
市ノ町 大村房吉
甲斐町西一 河合卯之吉
熊野町 辻野廣吉
市ノ町 前田伊三郎
甲斐町東二 不破吉次郎
大寺北通四 五斗卯之郎
南旅篭町西二 鍬安もち屋
戎ノ町(飴) 木村孝一
熊野町東二 鬼頭利之郎
市ノ町東一 宮海月堂
宿屋町(飴) 庄田兄弟商會

菓子屋 (餅 飴)

大阪の昔（昭和）の風景

昭和の大阪（船場）

生國魂神社のお神輿

昭和 12 年　職人さん

晒場のある風景（横堀川）

末吉橋

横堀川で遊ぶ

船場の商店

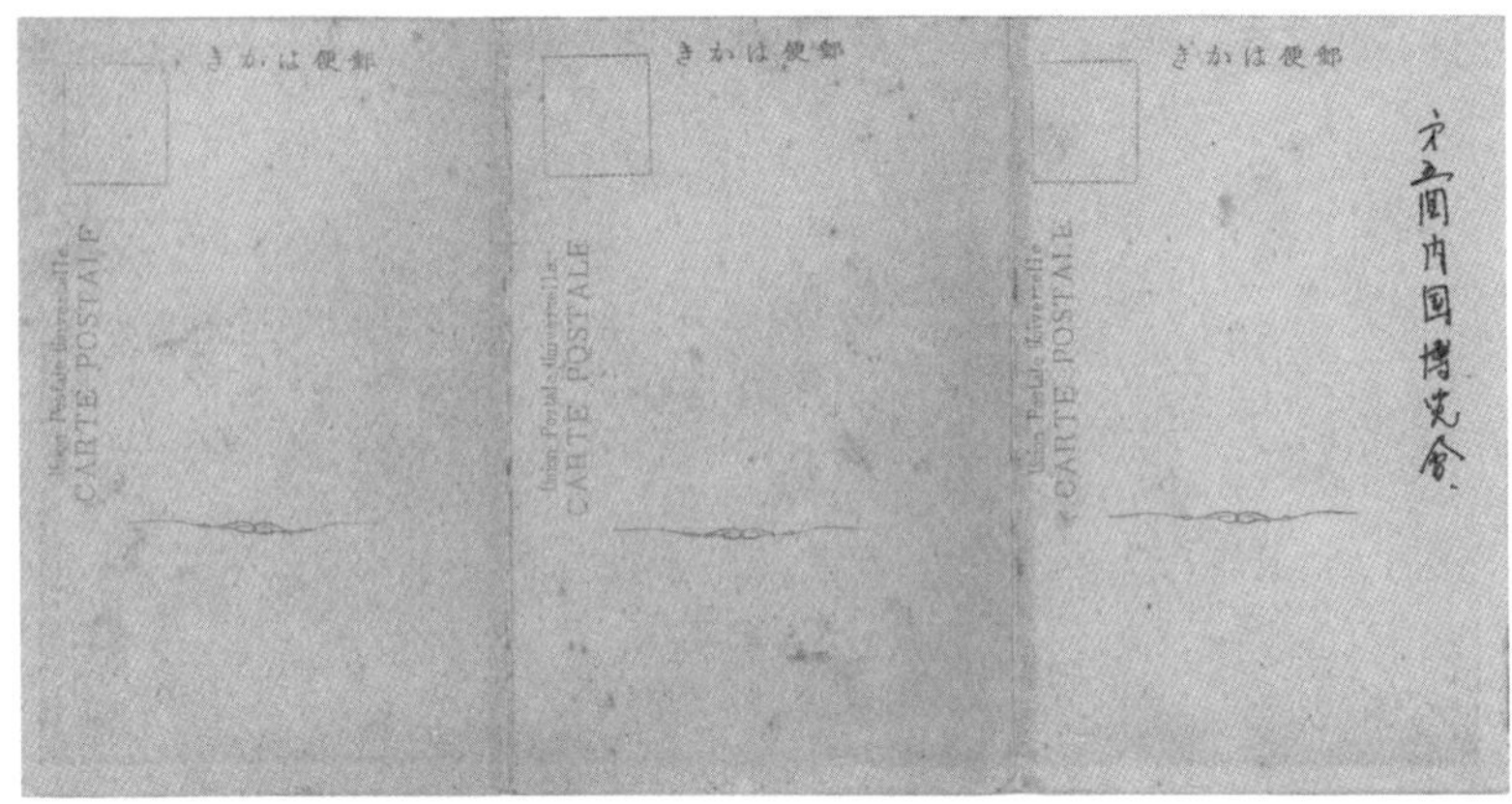

大正時代にあった新世界（ルナパーク）全景を写した郵便ハガキ

昭和の長屋

昭和の長屋の構造がよく残ってますなぁ。
（大阪市内にて）

長屋と物干場

昔の長屋は表に物干場があった。
よく乾くことでしょう。
プライバシー意識が高まった平成では
もう作られていない物干場である。
（尼崎市内にて）

煙突のある長屋

炊事用の煙抜きの煙突がある長屋。
もう見かけない光景である。
（大阪市内にて）

がんばれ長屋

がんばれ、がんばれ長屋!!
（大阪市内にて）

二軒屋

ビルの間にはさまれた二軒屋。
がんばれ日本家屋。前面タイル貼りがおしゃれ！
（大阪市内にて）

路地

これぞ路地。（ろォぢ）
（大阪市内にて）

福を呼ぶ瓦面

家の玄関に福を呼ぶ瓦面。
なんとなく嬉しくなります。
（大阪市内にて）

魔よけの貝がら

表札の横にあわびの貝がら。
光り物は魔よけの意味があり、
邪気が入らぬまじないであり、光り物を嫌うとされる
イタチやネズミよけにもなるとか。
（岸和田市内にて）

格子戸と焼印

格子戸も珍しいが　伊の焼印も珍しい。
柊の枝も魔よけとして飾ってあるのも珍しい。
（岸和田市内にて）

アルミの表示札

もうこんなアルミ製の表示札はおまへんなぁ。
(堺市内にて)

二階のお狸さん

二階の軒下にお狸さんが、他より抜きんでるという
おまじないか。
(堺市内にて)

二階の物干台

二階にこんな物干台のある家がおましたなぁ。

（大阪市内にて）

家の前の水道栓

家の前の水道栓、合鍵風の物を蛇口の上に
差し込んでまわすと水が出てきます。
これも昭和ですなぁ。
（大阪市内にて）

昭和のごみ箱

フタはもうないが、これこそ昭和のゴミ箱なんです。
（堺市内にて）

錺工の店

煙突や雨樋は、昔ブリキ製でしたので、
錺工さんが必要でした。
(大阪市内にて)

なつかしい宣伝看板

金露も新泉も、もうありません。
なつかしいアサヒビールの看板。
堺で死亡した上方浮世絵の最後の絵師と言われた、
中井芳瀧がそもそものデザインで、彼の墓は堺の南宗寺にある。
（堺市内にて）

場末の本屋

婦人倶楽部もすでになく、場末の本屋さんも
どんどん消えている。
いつまでも営業していてほしいが、無理でしょうね。
（今里のとある商店街にて）

古い店構え

船具、金物、荒物を扱う店。
古い店構えはいつまでも残してほしい建物。
（堺市内にて）

昔の質屋

廃業した質屋さん。
昔の質屋さんは、出入りが目立たないように、
黒板塀を建てたりして配慮していた。
(西宮市内にて)

ミシン糸の看板

ミシン糸の看板。
いつの日にか取り払われるのだろう。
（大阪市内にて）

昔の下宿屋

こんなテラスのある下宿屋が昔おましたなぁ。
廃屋寸前でした。
（大阪市内にて）

昭和の記憶

元台湾第七部隊（第三〇三連隊）

元台湾第九中隊（大塚隊）の戦友会連絡所の看板

（西宮市内の中国料理店にて）

病院の赤色灯

昔の町医者や医院には
こんな赤い街灯がありました。
〔大阪市内にて〕

残っていない（昔の）大阪

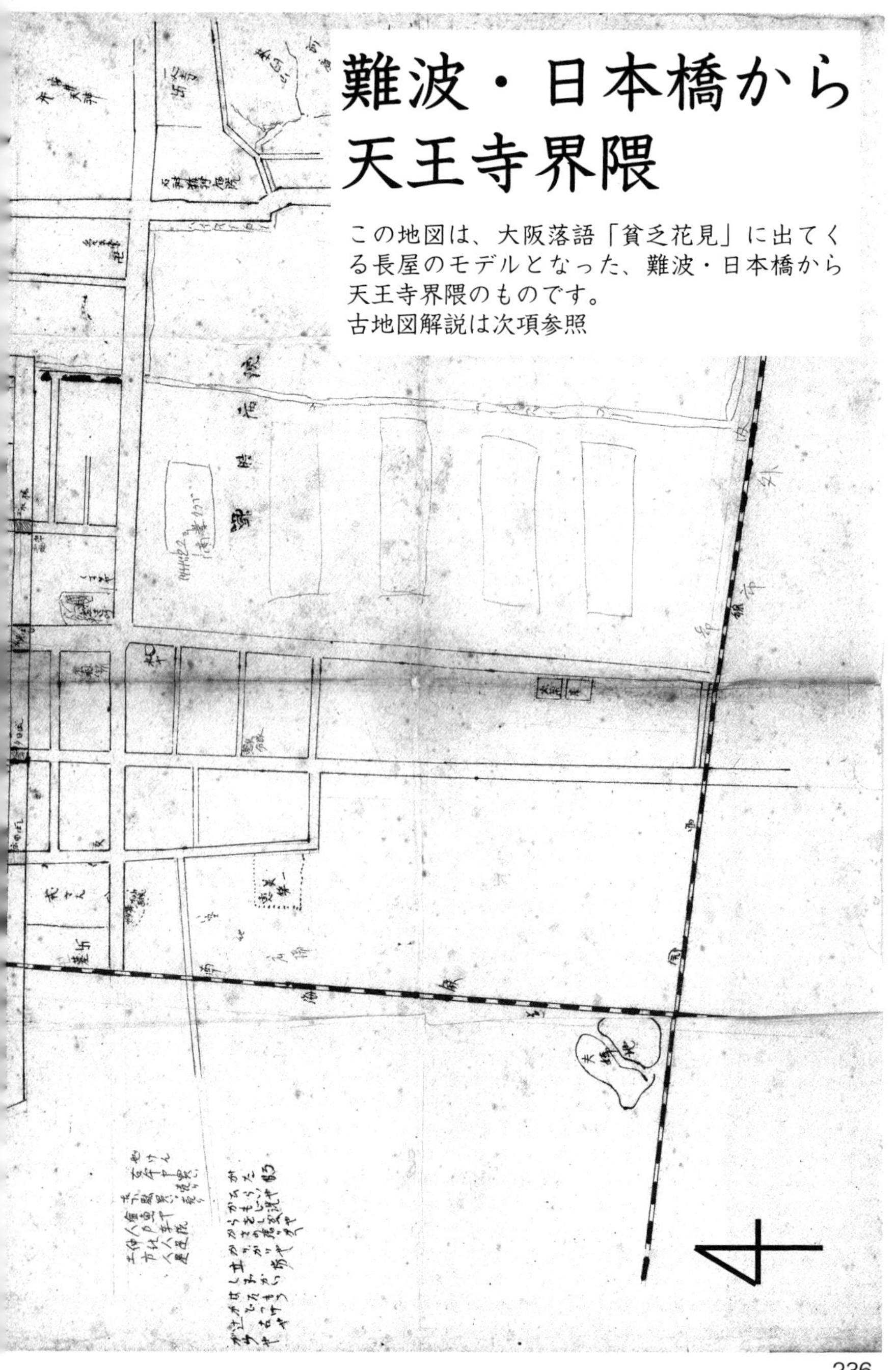

難波・日本橋から天王寺界隈

この地図は、大阪落語「貧乏花見」に出てくる長屋のモデルとなった、難波・日本橋から天王寺界隈のものです。

古地図解説は次項参照

難波・日本橋から天王寺界隈

地図解説とそこに住んでいた人達

マッチ工場	貧民街に住む人達に職業提供するためのもの。女性、子ども、年寄り向け。
金魚池	金魚屋のためであるが、古傘買いのためのものでもある。古傘を金で買わず、金魚一匹を進呈する。
立坊	たちん坊は街かどで、荷車のあと押しなど、力仕事の手伝いの声がかかるのを待っている。
くず買い	竹の先に釘を刺し込んだものや火ばさみなどで、廃物を集めるくず拾いが持ち込むくずを買いとる商売。紙くずはすきなおして再生紙に、金属くずは溶解屋に。
ガラ屋	ガラ置場からくずを探して、くずを売る。
ガタロ	河川の中の埋没した金属を回収する商売。落語「代書屋」に登場。昔ふんどし、昭和に入って胸までのゴム長。

人力車梶　三人一組ぐらいで車、法被、股引、のりしき（座布団）など共有。一人三交代。日に七〜八銭が人力車の借り賃。儲けは日に四十銭位。

はたもち　旗持ち。葬儀の弔旗など冠婚葬祭の旗を持つ。

相住(あいず)まい　長屋は、奥六畳日銭六〜八銭、表二畳二〜四銭。一軒を一家族で借りるより、奥は家族の多い人が住む、表は二〜三人の家族持ちが住むのが標準。

借金　月一円借りると、一日五銭ずつ二十日払いが標準。

カリカリ屋　本編参照

寄席　講釈場、つるの席という浪花節、うかれ節　端席の寄席の四ヶ所ある。

南の貧民街　四天王寺に近く物乞いの地の利。マッチ工場がある。全て一日借りができる。百軒長屋、八十軒長屋、いろは裏の名があるが、たいていは家主の名。山田裏、藤本裏など。

【参考にした本】

●『大阪ことば事典』
牧村史陽編　講談社学術文庫　昭和 59 年　第一刷

●『上方語源辞典』
前田勇編　東京堂出版　昭和 40 年　初版

●『幻の河内弁（Ⅰ）』
後藤利幸　昭和 58 年　私家版

●『幻の河内弁（Ⅱ）』
後藤利幸　昭和 60 年　私家版

●『南河内ことば辞典』
富田林河内弁研究会編　平成 13 年　富田林市立中央公民館

●『なつかしい堺のことば』
堺民俗会　平成 18 年　堺泉州出版会

●『十方化（とばけ）おおさか史』　昭和 56 年　現在創造社
中村　浩

●『大阪人』
朝日新聞社　昭和 39 年　第一刷

●『明治四十二年堺地図名所繁栄鑑」

四代目旭堂 南陵（きょくどう　なんりょう）

【略　歴】

1949 年 9 月 4 日	大阪府堺市に誕生
1967 年 4 月	近畿大学入学と同時に旭堂南陵に師事
1973 年 3 月	大阪府立大学、大学院修士課程修了農学修士
1978 年 4 月 28 日	「旭堂小南陵」襲名　真打ち昇進
2006 年 8 月 18 日	三代目旭堂小南陵から大名跡、四代目「旭堂南陵」を襲名。
2011 年 2 月	寄席芸人初の博士号取得（大阪芸術大学）

【受賞歴】

2004 年度　大阪文化祭賞グランプリ（大阪府・大阪市）
2011 年度　芸術祭大賞受賞　その他多数

【著　書】　『明治期大阪の演芸速記本基礎研究』（正・続・続々）
『事典にない大阪弁』
【共　著】　『上方演芸大全』ワッハ上方編（創元社）
【C D 本】　「よみがえる講談の世界」全三巻 (CD 付)
①水戸黄門漫遊記　②安部晴明　③番町皿屋敷
【その他】　大阪芸術大学、羽衣国際大学、客員教授

事典にない大阪弁 増補改訂版

——絶滅危惧種の大阪ことば——

発行日 二〇一九年四月十九日 増補改訂版 初版第一刷発行

著者 旭堂 南陵

発行者 杉田 宗詞

発行所 図書出版 浪速社

〒540-0037 大阪市中央区内平野町二丁目二—七—五〇二

電話 〇六（六九四二）五〇三二（代）

FAX 〇六（六九四二）一三四六

印刷・製本 株式会社 ディーネット

ISBN978-4-88854-518-1